児童養護施設の
子どもたちの
家族再統合プロセス

子どもの行動の理解と心理的支援

菅野 恵
Kanno Kei

明石書店

はじめに

　近年、児童虐待や養育困難などの理由により児童養護施設に入所する子どもが後を絶たない。児童養護施設に入所するということは、家族との分離を意味するのだが、一度引き離された子どもと家族を「再びつなげるための支援」(Warsh, Maluccio & Pine, 1994) が求められる。そのため、児童相談所と連携しながら児童養護施設にて家族再統合 (family reunification) を促進する役割を担うことが多い。たとえば、週末などを利用して家族のもとに子どもを一時的に帰宅させ、関係調整を試みるなどである。

　一方、施設の課題の1つとして子どもの問題行動が絶えず (岡本, 1999)、対応に苦慮しているという現状がある。施設に入所するまでに至る経緯はさまざまであるが、家族に対する感情を適切に言語化できない子どもが多く、行動を通して訴えられることもあるのではないだろうか。

　そこで家族再統合プロセスと子どもの行動との関連に着目し、家族再統合プロセスの視点から子どもの行動や心理的変化について研究で得られたデータを示した上で明らかにしたいと思ったのが本書の出発点である。

　本書の主な特徴として、①児童養護施設にて追跡調査を含めた5つの研究を実施し、量的データと質的データに基づいて実証的に論じていること、②心理学の立場から主に子どもの行動と心理に着目していること、が挙げられる。

　本書の構成は、第1章で序論を述べ、第2章で基礎調査研究、第3章で追跡調査研究として量的研究を中心にデータを示している。第4章では1事例研究、第5章で質的調査研究を示し、質的研究を重視している。第6章では総合的考察としてまとめている。

　なお、本文では児童養護施設に入所している子どもを「児童」と記している。これは、児童福祉法で定められた「児童」の定義に準じていることを断っておきたい。

本書の読者対象として、児童養護施設をはじめとする児童福祉施設に従事する関係者、児童相談所等の関連機関や里親制度の関係者、児童福祉領域の心の支援を学ぶ大学生、大学院生などを想定しているが、それにとどまらない、このテーマに関心をもつ多くの人たちの目に触れることを願っている。

児童養護施設の子どもたちの家族再統合プロセス　目　次

はじめに.. 3

第 1 章　序　論

Ⅰ　子育て環境と児童虐待.. 10
　1. 現代の子育て環境の諸問題... 10
　2. 児童虐待問題の深刻化.. 11
　3. 児童相談所による一時保護と各児童福祉施設への措置................. 13
　4. 里親委託について... 16
Ⅱ　児童養護施設における諸問題.. 17
　1. 児童養護施設の実際.. 17
　2. 児童養護施設における家族再統合とは.............................. 19
　3. 児童養護施設における家族再統合の問題............................. 21
　4. 児童養護施設における児童の「問題行動」と心理的変化............... 26
Ⅲ　本研究の論点の整理... 30
Ⅳ　本研究の目的... 31
Ⅴ　本研究の構成... 33

第 2 章　一時帰宅等と児童の行動との関連

Ⅰ　【研究 1】一時帰宅等の実態と児童の行動に関する研究.............. 38
　1. はじめに... 38
　2. 目　的... 39
　3. 対象と方法... 39
　4. 結　果... 43
　5. 考　察... 50
Ⅱ　第 2 章のまとめ... 57

第 3 章 児童の行動と心理的変化

I 【研究 2】基礎調査から 2 年半後の児童の行動と
　　心理的変化に関する研究 60

　　1. はじめに 60

　　2. 目　的 61

　　3. 対象と方法 61

　　4. 結　果 65

　　5. 考　察 77

II 【研究 3】類型化からみた個別事例に関する研究 85

　　1. はじめに 85

　　2. 目　的 86

　　3. 対象と方法 86

　　4. 各事例の提示と検討 89

　　5. 考　察 122

III 第 3 章のまとめ 128

第 4 章 児童への心理的支援に関する事例研究

I 【研究 4】介入プログラムを用いた児童への
　　心理的支援に関する 1 事例研究 134

　　1. はじめに 134

　　2. 目　的 135

　　3. 対象と方法 136

　　4. 結　果 143

　　5. 考　察 148

II 第 4 章のまとめ 153

第5章　児童と家族の関係調整に関する質的研究

Ⅰ　【研究5】施設職員による児童と家族の関係調整に関する質的研究..... 156
　　1. はじめに 156
　　2. 目　的 158
　　3. 対象と方法 158
　　4. 結　果 161
　　5. 考　察 167
Ⅱ　第5章のまとめ 174

第6章　総合的考察

Ⅰ　本研究の概観 178
Ⅱ　児童養護施設における家族再統合プロセスの検討 182
　　1. 家族再統合プロセスの全体像 182
　　2. 家族再統合プロセスと児童の行動および心理的変化 184
Ⅲ　児童養護施設における家族再統合の概念に関する検討 188
Ⅳ　児童養護施設における家族再統合支援のあり方 191
Ⅴ　児童養護施設における家族再統合アセスメント 195
　　1. 一時帰宅の可能性に関するアセスメント 195
　　2. 一時帰宅先での体験の質に関するアセスメント 197
　　3. 児童の行動および心理的変化に関するアセスメント 198
　　4. 関係調整アセスメント 199
　　5. 退所前後のアセスメント 199
Ⅵ　児童養護施設における心理職の役割 201
Ⅶ　現代社会における児童養護施設と家族再統合 204
Ⅷ　本研究における課題と展望 206

文　献 209

あとがき 217

第1章

序　論

Ⅰ　子育て環境と児童虐待

Ⅱ　児童養護施設における諸問題

Ⅲ　本研究の論点の整理

Ⅳ　本研究の目的

Ⅴ　本研究の構成

I　子育て環境と児童虐待

1.　現代の子育て環境の諸問題

　近年、育児不安や育児ストレスを訴える母親の増加（佐藤, 2002）が指摘されており、児童虐待を起こしかねないような重篤な子育て困難を抱える親もみられるようになった（倭文, 2004）。特に、児童虐待の問題は年々増加し複雑化しており（入江, 2005）、その背景には現代の子育て環境に関する諸問題が指摘されている。

　従来、日本の子育ては親族や地域の近隣の人々が親を手伝い、お互いに支えあってきたといわれる（鈴木, 2001）。しかし、少子化が急速に進むことで、子育てを共有できる地域の人と親との接点が少なくなった（榊原, 2002）。その傾向は、大都市はもとより地方都市でも同様にみられ、外界と隔離された密室の中で育児が行われていることが多いという（徳永, 2003）。

　2015年の総務省国勢調査（総務省, 2016）によると、核家族世帯（夫婦のみの世帯、夫婦と子どもからなる世帯、ひとり親と子どもからなる世帯）は全世帯の57.4％存在し、「ひとり親と子どもからなる世帯」は2010年に比べて5.0％と増加率が大きくなっている。

　また、子育てに関する親の認識の変化についても明らかになっている。厚生労働省（2011）によると、就労している母親が59.4％と半数を超え、家族そろって一緒に夕食を摂る日が週2～3日しかない家庭が約4割を占める。核家族化に加え、ひとり親家庭の増加や子育てよりも仕事を優先せざるを得ない親の状況が、子どもにとって厳しい現実を招いている。

　一方、経済的なゆとりのなさ、つまり貧困の問題も子育て環境に影を落としている。内閣府（2015）によると、子どもの相対的貧困率は1990年代半ばから上昇傾向にあり、2012年には16.3％となっている。そのうち、ひとり親世帯の相対的貧困率は54.6％と非常に高い水準になっている。その他の子育て環境上の問題として、国際比較からも注目すべき調査結果をいくつか挙げる。厚生労働省（2016a）によると、日本の2015年の離婚率

（人口千対）は 1.80 と推計され、1970 年代に比べ 2 倍近くの数値となっている。子育ての世帯別の離婚数については確認できないものの、国際的にも増加率が著しいことが示されている。また、経済協力開発機構（OECD）加盟国における 2012 年の調査では、日本の教育にかける公的支出は 3.5% と最も低い割合となっている（OECD, 2015）。

　さて、これらの報告を概観すると、日本では父親からの育児の協力が得られにくく、母親に子育ての負担が偏りやすいことが推測され、また離婚率の高まりと「ひとり親家庭」の増加傾向が特徴として考えられる。一方、経済格差や貧困の広がりが育児不安をあおり、子育てのゆとりのなさにつながっていることが示唆される。これらの家庭基盤の脆弱性が、機能不全家族（dysfunctional family）や多問題家族（multi-problem family）、ハイリスクファミリー（high-risk family）を生じやすくさせている可能性がある。機能不全家族とは、徳永（2003）によると、"親に依存の問題があり、子どもに対して虐待や心理的な拒否または否定があることや、家族関係は冷えきっているが表面的にだけ仲良いようにみせる'見せかけの家族'など、葛藤や親子関係の密着または親子の役割の逆転が起こっており、家族の病理に専門的な介入を要する家族"と定義されている。

　村井（2007）は、ハイリスクファミリーが貧困、多子、疾病・障害などの問題を抱え、子どもの問題行動がきょうだい間で連鎖しやすいことを指摘している。また、ハイリスクファミリーの親の多くは夫婦間葛藤を抱え、離婚や事実婚解消も数多いという。そして、親族関係の断絶や住宅環境の劣悪さ、地域からの孤立が、父母の養育態度に深刻な影響をもたらすと論じている。このような機能不全家族や多問題家族、ハイリスクファミリーといわれる家族は、経済的なゆとりのなさも加わり、その結果、児童虐待や養育放棄といった問題として社会的に表面化することも考えられる。

2. 児童虐待問題の深刻化

　ここでは、児童虐待の定義について触れ、児童虐待問題について述べていきたい。なお、児童福祉法では 18 歳未満の子どもを指す用語として「児童」が用いられているため、本研究においても 18 歳未満の子どもにつ

いて述べる場合、主に「児童」と表現する。

　まず、「児童虐待」は英語ではchild abuseという。abuseとはab + use（使用）、つまり "子どもの乱用"（西澤, 1997）、"誤った子どもの取り扱い"（村瀬, 2001）ともいえる。2000年に成立した日本における児童虐待防止法（児童虐待の防止等に関する法律）の類型では、児童虐待を、a) 身体的虐待（physical abuse）、b) 性的虐待（sexual abuse）、c) ネグレクト（neglect）、d) 心理的虐待（psychological abuse）の4つに分類している。

　身体的虐待は、児童の身体に外傷が生じ、または生じる恐れのある暴行を加えることである。性的虐待は、児童にわいせつな行為をすること、または児童をしてわいせつな行為をさせることである。ネグレクトは、児童の心身の正常な発達を妨げるような著しい減食または長時間の放置、その他の保護者としての監護を著しく怠けることである。心理的虐待は、児童に著しい心理的外傷を与える言動を行うことである。

　子どもの乳幼児期には、養育者の心理的安定への援助が重要であり、家族成員の所属する家族システムの中にある不安要因を除去するための支援が基本となる（春日, 2000）。日本政府は児童虐待も含めて子育ての諸問題に対し、子育て支援に関する施策をいくつか行っている。1994年には子育て支援に関するはじめての国家計画である「エンゼルプラン」が策定され、次いで1999年には「新エンゼルプラン」（子育て支援サービスの推進など）が計画された。また、2000年には母子保健の国民運動計画とされる「健やか親子21」（育児不安の軽減など）が公表されるに至った。

　実際の子育て支援の取り組みとして、子ども家庭支援センター（ファミリーサポートセンター）が地域に設置され、地域に密着した子育て支援活動が行われている。たとえば、電話相談や訪問支援が実施されており、地域住民による子育て支援サークルが行われている。臨床心理士などの心理職を配置し、育児に悩む親の心のケアを行っているところもある。また、児童福祉法による子育て短期支援事業として、厚生労働省令で定められた施設に子どもを一時的に預けることが可能な「ショートステイ」や「トワイライトステイ」といった支援が行われている。杉浦（2003）の報告によると、「このままだと子どもを殺してしまうかもしれない」という親から

第1章　序　論

の連絡でショートステイ利用に至るケースもあれば、母親の出産、家族の入院、引っ越し、育児疲れといった理由での定期的な利用もあるという。また、いくつかの関係機関が子ども家庭支援センターと連携し、家族を地域で支えるといった仕組みづくりが模索されている。厚生労働省（2005）は、「要保護児童対策地域協議会」を各地域に設置し、関係者間で情報交換および支援の協議を行うことを推進している。

　このように、地域における子育て支援の枠組みは徐々に整備されてきている。一方、2000年には児童虐待防止法が施行され、2015年には児童相談所全国共通ダイヤルが３桁の番号「189」になったことで、世間の児童虐待に対する認識が高まっている。しかし、児童虐待の発生件数は悪化傾向が著しく、平成27（2015）年度に全国の児童相談所が受け付けた児童虐待相談対応件数は103,260件と過去最多であり（厚生労働省, 2016b）、10年前と比べて３倍に増加している。また、警察庁（2016）によると全国の児童虐待事件による検挙件数は785件であり、こちらも過去最多となっており、死亡事件の検挙総数が25件あったことを報告している。このように、児童虐待は深刻な社会問題となっているが、保護を必要とする児童が急増していることで、児童や家族を支援する現場はその事態への対応に追われている。そこで、児童虐待後に児童の保護やケアをどのように進めるかという視点が重要となる。

3. 児童相談所による一時保護と各児童福祉施設への措置

　親からの虐待により児童の生命が危ぶまれる場合や、児童が不適切な養育環境におかれている場合は、早急に児童を保護する必要がある。そこで、家庭での養育が困難となった児童を保護し、児童や家族への支援方針を決定するのが児童相談所である。この児童相談所は、全国208ヶ所（2015年４月時点）に設置されている。

　児童相談所の役割の１つとして、児童本人、家族、学校、福祉事務所、近隣住民からの児童の養護に関する相談や、児童虐待に関する通告を受け、必要に応じて児童の住む家庭に任意調査もしくは立入調査を行うことがある。そこで、児童を一時保護する必要があるかどうか協議される。そして、

13

親子を一時的に引き離したほうがよいと判断された場合には、緊急避難的に原則として児童相談所内にある一時保護所に児童を保護することになる。なお一時保護は、要保護児童（棄児、家出児、虐待児等）を一時的に保護することをいい、保護期間は2ヶ月以内とされている（児童福祉法第33条）。

平成25（2013）年度の全国の一時保護所内の一時保護件数は21,281件であり、児童虐待を理由とする保護が47.5%と過去最多となっている。なお、一時保護所は全国に135ヶ所設置されているが（2015年4月時点）、すべての児童相談所に一時保護所が併設されているわけではない。そのため、最寄りの一時保護所が満員の場合は、一時保護委託という形で児童福祉施設や警察などに一時的に預けられることもある。一時保護委託の児童数は一時保護児童全体の約3割を占め、保護の必要な児童の増加に伴い一時保護所のみでは対応しきれていない実情を示している。

さて、児童が一時保護されている期間には、今後の援助方針を定めるためのさまざまな診断や観察がなされる。たとえば、児童福祉司による社会診断（受理面接や調査により得られた児童を取り巻く状況の分析）や、児童心理司による心理判定（面接、観察、心理検査などによる児童の心理的特性の把握）、一時保護所の保育士および児童指導員による児童の行動観察、医師による医学診断が行われ、各種診断などを含めて総合的に判定がなされる。

その後、家庭に戻すことよりも親子を分離するほうが適切と判断された場合、児童は児童福祉施設へ入所することになる（これを措置という）。一方、さまざまな社会資源を活用しながら地域で支援が可能であれば、児童は家族のもとに戻り、在宅での支援が行われる。なお、ここでいう措置とは、福祉サービスの利用に関する狭義の意味として、行政が福祉サービスの利用決定を行うことを指す。この福祉サービスの利用が終了する場合は、措置解除という言葉が用いられる。措置される児童福祉施設として、児童養護施設、乳児院、情緒障害児短期治療施設、児童自立支援施設、母子生活支援施設などがある。

厚生労働省（2015a）によると、児童福祉施設への措置全体の63.3%は児童養護施設に入所しており、措置の中で最も高い割合となっている。つぎに、乳児院への入所が18.5%、情緒障害児短期治療施設への入所が4.3%、

児童自立支援施設が 3.3% となっている。

　なお、各児童福祉施設への措置を進める過程では、児童相談所の児童福祉司が児童とその家族を継続して担当する。また、児童が施設措置されてからも児童と家族への支援を行い、施設措置を解除してからも家族への支援が継続される。

　さて、ここで厚生労働省（2015b）の統計データを取り上げながら各児童福祉施設の特徴を述べる。なお、各数値は 2014 年 10 月時点であり、虐待種別の割合は複数回答となっている。

　児童養護施設は全国に 602 ヶ所設置されており、1 歳以上 18 歳未満の児童が入所の対象となる。全国の児童養護施設の在所者数は、27,468 人となっている。児童養護施設への入所率は他の児童福祉施設と比べて高いが、その理由として他の児童福祉施設よりも全国に多く設置されているということや、他の児童福祉施設よりも児童を柔軟に受け入れていることが影響していると思われる。また児童養護施設では、児童の平均在所期間は 4.9 年で他の児童福祉施設よりも長期にわたる傾向にある。被虐待経験の有無では、被虐待経験ありが 59.5% を占めており、その内訳として「ネグレクト」63.7% が最多で、続いて「身体的虐待」42.0%、「心理的虐待」21.0%、「性的虐待」4.1% となっている。しかし、明確に虐待を記述できる例は限られているため、実際の数値よりも児童虐待の割合は多いといった指摘がある（松岡・小山, 2008）。なお、児童養護施設の詳細については、節をあらためて後述する。

　乳児院は全国に 133 ヶ所あり、在所者数は 3,105 人となっている。原則として 1 歳未満の乳児を養育する。被虐待経験の有無では虐待経験ありが 35.5% となっているが、そのうち「ネグレクト」の割合が 73.9% と最多となっている。養護問題発生理由別では、「母親の精神疾患等」が 21.8% となっており、児童福祉施設の中で最多となっている。乳児院を退院した後、2 割程度の乳児は児童養護施設へ入所している（他の児童福祉施設への変更を「措置変更」という）。このように、乳児院を経て児童養護施設に措置変更する場合があり、施設生活が長期化することがある。

　情緒障害児短期治療施設は全国に 38 ヶ所あり、軽度の情緒障害を有す

る児童が対象とされている（児童福祉法第43条）。必要な場合には満20歳になるまで入所を可能としている。被虐待経験ありの割合が71.2%と他の児童福祉施設に比べて最も高い。また、広汎性発達障害を有する児童が29.7%と目立っている。情緒障害児短期治療施設では、他の児童福祉施設よりも児童の情緒的な不適応を治療（療育）するといった側面が強く、施設内で行っているすべての活動が治療であるといった「環境療法」の立場をとっている施設が多い。

児童自立支援施設は全国に58ヶ所あり、犯罪などの不良行為をする児童（または不良行為をする恐れのある児童）や生活指導を要する児童に対して必要な指導を行い、自立を支援する施設である（児童福祉法第44条）。主な特徴としては、虐待経験ありが58.5%で、虐待種別では身体的虐待60.5%、ネグレクト53.8%といずれも半数以上を占めている。児童自立支援施設はかつて教護院とよばれていたが、1998年から現在の名称に変更されている。児童養護施設は私立（社会福祉法人など）の施設がほとんどであるが、児童自立支援施設は都道府県立が大半を占める。

母子生活支援施設は、配偶者のない母とその子を保護し、自立の促進のためにその生活を支援することを目的とする施設とされている（児童福祉法第38条）。入所の対象は、おおむね18歳未満の児童を養育している母子家庭である。かつては母子寮といわれていたが、1998年の児童福祉法改正で現在の名称に変更している。入所理由の最多として配偶者からの暴力が45.7%と約半数を占めている。母子世帯となった理由の58.3%は離婚であり、家庭内暴力（ドメスティック・バイオレンス）被害者のための一時保護施設として利用されることもある。

4. 里親委託について

児童福祉施設への措置ではなく、里親制度を利用した里親委託が行われることもある。里親制度とは、保護者のない児童または保護者に監護させることが不適当であると認められる児童の養育を、都道府県が里親に委託する制度（児童福祉法第6条）である。里親とは、通常の親権を有しないで児童を養護する者のことをいい、いくつかの要件を満たした家庭が児童

第1章　序　論

相談所からの認定を受けて里親として登録される。里親への委託の流れとして、適切と思われる里親と児童の組み合わせを児童相談所が検討し、里親と児童の面談や試験養育（里親宅への短期の同居）を経て、委託決定となる。

　主な委託理由と委託全体に占める割合としては、「（親の）養育拒否」が16.5％と最も多く、「母の放任・怠惰」が9.5％とネグレクト関連が上位を占める。実際、被虐待経験を有する児童のうち、「ネグレクト」が68.5％となっている。委託児童の家族背景としては、養育していた親が実母のみである場合が59.0％と高い割合を示している。つまり、里親委託児童の半数以上が母子家庭ということになる。諸外国では里親委託の制度が主に活用されているが、日本の里親委託数は微増しているもののまだ少なく、児童養護施設への措置が多くを占めている。里親委託よりも児童福祉施設への措置が主流となっている日本の現状については、節をあらためて後述する。

　このように各児童福祉施設にはさまざまな特徴があるが、措置理由をみると多くの施設で家族の問題が背景にあることがわかる。特に、児童養護施設では、児童虐待問題だけでなくさまざまな家庭環境の問題に対応していることから、児童養護施設の実情に着目することは現代社会の家族の問題を心理学的に検討する上で意義があると思われる。

　次節では、児童養護施設における諸問題を示しながら、児童養護施設の現状について述べる。

II　児童養護施設における諸問題

1. 児童養護施設の実際

　児童養護施設はかつて孤児を保護する「孤児院」としての役割を担っており、1887年に日本で初の孤児院が誕生して以来、戦災孤児などを受け入れてきた。孤児院はその後1947年の児童福祉法の制定に伴い「養護施設」と名称変更され、孤児以外にも貧困のために育てられなくなった児童

や棄児を受け入れるようになった。そして、1997年の児童福祉法改正で「児童養護施設」に改称され、現在に至っている。

全国の児童養護施設に入所している児童は27,468人である（2014年10月時点）。児童養護施設における主な措置理由についてはすでに述べたが、児童養護施設に入所する児童の家庭的背景として、児童虐待問題をはじめとする家庭環境の問題が目立っている。

厚生労働省（2015b）によると、児童養護施設への入所時の平均年齢は5.9歳で、小学校就学前に入所する児童の割合が54.9%を占めている。平均在所期間は4.9年で、3年未満が約4割を占める。入所児童の平均年齢は6.2歳であり、就学前の児童が18.1%、小学生が38.2%と全体の半数以上を占めている。このことから、幼児期に親もとを離れ、小学生時代を施設で過ごす児童が一定数いることがわかる。

さて、日本では児童福祉施設への措置が大半を占め、そのうち児童養護施設への措置が63.3%を占めているが、諸外国の動向としては施設措置が減少し、代わりに里親委託が推進される傾向にある。庄司（2003）によると、諸外国で里親委託が推進される背景として、子どもの育つ場として家庭が最善であるという社会全体の認識や、ホスピタリズム（hospitalism）として知られてきた施設養護の弊害への認識、施設養護に比べて里親委託などの家庭的養護のほうが費用は少ないという経済的な要因について触れている。

たとえば、フランスでは里親委託が柔軟に利用されている（菊池, 2004）。里親委託を経て実親への家庭復帰となった児童が家族との緊張関係を強めた場合、従前の里親に児童を短期的に委託し、児童と家族との関係を調整することもできるとされる。このように、児童が実親と里親の間を行き来しながら、親が子育て困難な時期を乗り越えるといった対応が可能となる。

アメリカでは日本の児童養護施設に相当するような施設が過去には存在したが、現在では里親委託が主流になっている。しかし、委託先の里親家庭で問題を起こす児童は里親を転々とする事態になった。そこで、1980年の「養子縁組支援および児童福祉法」（Adoption Assistance and Children Welfare Act of 1980, PL [Public Law]）が施行され、できうる限り本来の家

族との再統合を目指し、不可能な時は養子縁組を行うことで、里親を転々とすることを予防する対策がとられている。アメリカやカナダは児童虐待対応の先進国といわれているが、虐待対応の法制度や治療技法が進んでいるにもかかわらず、児童虐待の増加は止まらないといった指摘もされている（庄司, 2001）。

　このように、欧米では国によっては里親委託が優勢であり、施設委託は減少傾向にある。しかし、日本では里親委託が進まず、施設への措置が多くを占める。その理由として、実親が里親委託を望まないというような親側の事情や、里親委託が不調になる例もあるため児童相談所が里親委託に消極的であったことが指摘されている（庄司, 2003）。日本における最近の傾向として、里親委託数は増加傾向にあるものの里親制度そのものは国民に十分に浸透していないのが現状である。また、児童養護施設ではホスピタリズムにみられるような施設生活の弊害を少しでも減らすために、施設の地域化もしくは小規模化が進められている。その一例として、一軒家に少人数で生活するグループホームが試みられており、より家庭生活に近い形でのケアに移行しつつある。

2. 児童養護施設における家族再統合とは

　これまでの児童養護施設の歴史では、「保護者にとって代わる」といった家族の養育機能を代替する役割が重視されてきた。しかし、1990 年代に入り児童虐待が深刻化すると、家族と何らかのつながりのある児童の割合が多くなり、家族再統合を促進する役割が児童養護施設に強く求められるようになった。ただし、日本では家族再統合の概念は比較的新しいことから、現在みられる家族再統合の定義を整理する必要がある。

　家族再統合（family reunification）は、"子どもたちやその家族、里親、サービス供給者（service providers）に対するさまざまなサービスや支援による家庭外ケア（out-of-home care）において、子どもたちを家族のもとに再びつなぐために計画されるプロセス"（Warsh, Maluccio & Pine, 1994）と定義されている。また、子どもとその家族ができる限りの一定期間、再びつながるための最適レベル（optimal level of reconnection）を維持するた

めに支援することを目指すとしている。これは、家族のもとでの生活に再び復帰することとは異なる形態であり、子どもと家族の関係性の維持を重視した定義である。

その他にも、家族再統合にはいくつかの定義があるが、日本における児童福祉領域による家族再統合の考え方として、家族のもとでの生活に再び復帰すること（澁谷・奥田, 2004）のみを指す狭義の捉え方（ここでは「物理的再統合」とする）と、親子が親子であり続けられる関係の再構築を行い、親子が安全かつ安心できる状態で互いを受け入れられるようになる（井戸, 2004）といった広義の捉え方（ここでは「心理的再統合」とする）がある。なお、児童虐待防止法（2000年）では「親子の再統合」という用語が使用されているが、実際は親子関係だけでなくきょうだいやその他の家族構成を含めて検討する必要があることから、本研究では「親子の再統合」ではなく「家族再統合」という視点に立つ。

これまで、家族再統合の概念は単純化され、十分に理解されていないことが多いといった指摘がある（Maluccio, 1999）。しかし、家族再統合の定義（Warsh et al., 1994）にもあるように、家族再統合は家族のもとでの生活に再び復帰（以下、家庭復帰とする）できなくても、児童と家族の関係が維持されることも家族再統合として考えるべきであろう。また出生直後に親子分離がなされ、乳児院を経て児童養護施設に入所した児童の中には、家族との交流や家庭での生活体験を行っていない場合がある。そのため、「再び統合する」という考え方が馴染まないケースもある。本研究ではこれらの点を踏まえ、児童養護施設における家族再統合のあり方を検討する必要がある。

本研究では、Warsh et al.（1994）や井戸（2004）の定義のように、家庭復帰を促進するというよりも親子関係の維持や心理的再統合を重視したい。ひとまず、児童養護施設における家族再統合を「何らかの事情で分離した児童と家族が家族関係の問題や重要性を認識し、何らかの家族関係の回復がなされ、家族と再びつなぐ試みがなされること」と定義し、論じていく。なお、本研究では、家族再統合の経過や再統合に向けた手順または方法を表現する場合、「家族再統合プロセス」という言葉を用いる。

3. 児童養護施設における家族再統合の問題

　児童養護施設では、家族再統合に向けた支援の１つとして、親との面会や家族のもとへの一時帰宅が行われる。この一時帰宅は、家族再統合の中心的活動として重視されている（Warsh et al., 1994）。また開原（2007）は、家族関係の改善を目指すための支援として一時帰宅に注目している。なお、この取り組みは一時帰省や部分帰宅、外泊とよばれることもあるが、本研究では「一時帰宅」という言葉を用いる。

　本研究では、児童養護施設における一時帰宅を「児童養護施設に入所している児童が、週末や学校の長期休暇を利用して一時的に施設を離れ、家族のもとに帰宅する家族再統合プロセスの主要な取り組み」と位置づける。

　実際、2003 年に家族のもとへ一時帰宅を行っている児童は、全国の児童養護施設に入所している児童全体の45.9%にみられる（厚生労働省, 2015b）。通常、児童は施設に入所し施設生活を送る中で家族との定期的な面会を経て徐々に週末などを利用して家族のもとへの一時帰宅を繰り返し、最終的に児童相談所の判断により家庭復帰となる。

　しかし、親の行方不明や親の拘禁などさまざまな事情で家族のもとへ一時帰宅ができず、実親との交流を行えない児童も存在する。そのような児童は施設生活が長期化する傾向にあり、家庭で生活する機会の乏しさが課題となる。そこで実親のもとへの一時帰宅が難しい場合は、週末などを利用して親族の住む家庭へ宿泊する児童もいる。

　また、児童の中には親族との交流が難しいこともあるため、週末などに限定して一般家庭と交流する制度がある。これは里親制度とは異なり、児童が施設生活を継続しながら週末などに一般家庭を訪問し、家庭での生活体験の機会を得る。この制度は東京都では「フレンドホーム制度」、兵庫県や大阪市では「週末里親」という名称でよばれており、全国で統一した名称はない。また、里親制度と混同されることもあり、この制度が国民に十分に認知されていないのが現状である。

　本研究ではこれらの親族宅や一般家庭への宿泊を「宿泊交流」とする。この宿泊交流は、家族のぬくもりが感じられるような安全で安心できる家庭生活を体験できるという点では、意義深い取り組みである。また、自分

の家族と一緒に過ごす体験の乏しい児童にとって、家庭や家族を新たに知り、家族を捉えなおす機会となろう。

　繰り返しになるが、本研究では家族のもとへの帰宅を「一時帰宅」、家族以外の家庭に宿泊する機会を「宿泊交流」とする。また、一時帰宅と宿泊交流の両方を含めて論じる場合は「一時帰宅等」と表現する。

　さて、家族のもとへの一時帰宅が可能な児童の場合は、一時帰宅が繰り返されることで家庭復帰が可能かどうかの見極めがなされる。しかし、一時帰宅はリスクを伴うこともある。たとえば、一時帰宅中に児童が親からの虐待で死亡した事件（朝日新聞, 2006）、家族が強制的に児童を家庭復帰させる事例（高橋・山本・才村・福島・庄司・谷口・中谷・平本・横堀・鈴木, 1998）、また、家庭復帰後に児童が親から虐待を受けて死亡した事例（厚生労働省, 2004）が報告されており、一時帰宅を行うことや家庭復帰することが必ずしも家族再統合のプロセスとして適切でない場合がある。

　庄司（2004）は、児童と親との交流で重要なことは親が約束を守れるかどうかであると指摘している。また、児童が親との面会を期待していて親がそれを裏切ることは、児童に深刻な影響をもたらすと述べている。さらに、一時帰宅の条件として、a) 面会が定期的にあること、b) 実親および児童が共に一時帰宅を希望していること、c) 面会後に悪影響がみられないこと、d) 児童相談所が実親の家庭の状況を把握し危険が予想されないこと、の4つを挙げている。

　加藤曜子（2004）は、6ヶ所の児童養護施設にて一時帰宅の方針を立てている18事例を分析し、親の問題に触れている。たとえば、育児知識や育児技術が備わっていない親が72.2%、家庭環境に問題のある親が55.6%、児童の現状に理解のない親が44.4%、自分の行為が虐待だったという自覚のない親が33.3%存在することを明らかにしている。

　また、岩田・鈴木・加藤・山本・梨本・上林・金井・二宅（2006）は、親自身が精神障害を抱えている場合、児童の児童福祉施設への入所日数が長期化する傾向にあることを指摘している。また親が精神疾患を抱えていて精神医学的な治療を受けている場合、治療を受けていない場合に比べて入所日数が短期化することを報告している。また実親がメンタルヘルス

サービスに否定的である（Lau, Litrownik, Newton, & Landsverk, 2003）といった支援拒否に関する指摘もある。

　ある1ヶ所の児童養護施設では、37年間分の退所理由に関する調査（亀井, 2008）を行っている。それによると、1996年度以降では児童の問題が未解決のまま家庭復帰した児童が28.1%を占め、施設内での問題行動による措置解除が9.8%にみられている。またこのような退所理由は、年々増加傾向にあることを指摘している。厚生労働省（2004）は、児童養護施設を退所後の虐待死事件について、一時帰宅や家庭復帰に関する家族全体像の把握が十分でない場合や、家庭復帰後のフォローアップ体制が構築されていなかった点との関連を指摘している。

　菊池（2004）は、家族再統合における措置解除の問題を以下のように論じている。そこでは、まず心理的・社会的問題を抱えた親子に対して、心理的フォローアップのない措置解除は危険であると警告し、措置解除をつぎの3つのタイプに分類している。すなわち、a) 家族と支援者が協力関係をもちながら家庭復帰の準備が進められるような「準備された措置解除」、b) 家族と支援者との話し合いが決裂する恐れのある時に家庭復帰を先延ばしし協議を繰り返していく「協議された措置解除」、c) 家族と支援者との話し合いが決裂し対立した雰囲気のある中で児童が家族復帰し、その後家族と連絡がつかなくなるような「切断された措置解除」の3つのタイプである。

　高橋他（1998）の調査では、「切断された措置解除」の児童の多くが家庭復帰後に重度の虐待を受け、その3分の1が児童養護施設への再入所を余儀なくされていると報告している。その背景として、井出（2004）は児童の家庭復帰を強く望む親は「切断された措置解除」を招く恐れがあるものの、家庭復帰の判断として家族との面会や一時帰宅の繰り返しを通して検討するしかない現状があると述べている。つまり、児童の意思が尊重されないまま家庭復帰するといったリスクを予測しながら、家族再統合を慎重に進めていくことが求められるともいえよう。

　また、全国の児童養護施設に入所している中学3年生以上の年長児童を対象とした調査（厚生労働省, 2015b）では、全体の65.6%は家庭復帰を希

望していないことがわかる。中学3年生以上の年齢は将来の方向性を考える時期でもあり、家庭復帰となると場合によっては学校を転校しなければならないことがある。また、高校に進学すると18歳まで在所し、社会的自立に向けた支援を促進する施設もある。このように、親の希望だけでなく児童のおかれた状況や児童の心理面を考えながら、家族再統合の進め方を検討する必要がある。

先行研究でも指摘されているように、一時帰宅や家庭復帰のリスクの問題、親自身の問題が挙げられているため、これらのアセスメントを通して児童への心理的影響を見極めていく必要がある。

これらの点も踏まえ、児童養護施設研究では家族再統合に関する分野の充実が求められる。諸外国では施設措置よりも里親委託が中心であることから、里親ケア（foster care）におかれた子どもの家族再統合に触れた論文がいくつかみられる。

たとえば、親が里親宅に訪問する際の親子の相互作用の質の重要性について指摘した研究（Haight, Kagle, & Black, 2003）や、家族再統合と児童虐待種別、親の能力、人種、犯罪の歴史、薬物乱用、社会的な支援との関連に触れた研究（Terling, 1999）、里親ケアに関して政策面から論じた研究（Allen & Bissell, 2004）などである。またWulczyn（2004）は、幼児や思春期の子どもは家族再統合の可能性が低いこと、特に子どもと家族が短期間で児童福祉システムの利用を終了した場合、家族再統合が成功しない傾向を示し、さらに、子どもの家庭復帰後は、家族に対する観察と支援を続けることが重要であると指摘している。その他に、家族再統合を目的とした里親プログラムがリスクのある家族を減少させるといった指摘（Landy & Munro, 1998）もある。

日本では家族再統合という概念が比較的新しいため家族再統合に関する研究は少ないが、家族支援や一時帰宅などの家族再統合に関連した研究がいくつかみられる。

家族支援に関する研究としては、ペアレント・トレーニングを受講した親の66%が「家族関係にポジティブな変化をもたらした」と評価しており（野口, 2006）、ペアレント・トレーニングプログラムの有用性について

報告している（野口・直島, 2007）。また、ペアレント・トレーニングを実施した1事例の報告（河井・野口, 2007）では、トレーニングの前後にアセスメントを行うことで、親による児童への身体的虐待が軽減される可能性を示唆している。

　その他には、児童相談所にて行う親教育プログラムの実践の報告がいくつかみられる。ある児童相談所では、総合評価シートを用いた親子関係のソーシャルワーク的なアセスメント（加藤・福間, 2005）を行っている。また、家族再統合プログラムを親に提示した場合、約8割の親が援助を受け入れている（才村, 2005）ことや、親の精神障害やパーソナリティの問題がみられる場合には支援を終了した後に経済的問題や地域との関係性の問題として表面化する（才村, 2006）ことが指摘されている。また、一時保護所における家族再統合のアセスメントに関する研究（岩田, 2007）では、家庭環境での子育ての負担の偏りや親自身の攻撃性のコントロールの困難さが、家庭復帰後の家族関係の維持に大きく影響していることが示唆されている。

　児童養護施設の一時帰宅に関連した事例研究としては、被虐待（ネグレクト）児が乳児院に入所してから13年間の親子の関わりを追った研究（春日, 1987a）がある。この事例では児童が保護された当初は児童に情動的相互作用の欠如がみられたものの、施設での適切な支援を継続することで対人関係が徐々に形成され、一時帰宅を実施するようになってからは母親への愛着と親和欲求が急激に強まったことを報告している。また、児童が一時帰宅を終えて施設に戻った直後は拒否反応や退行が顕著であり、一時帰宅を実施することで揺れ動く児童の行動を報告している。

　トムソン（2006）による1事例の研究では、一時帰宅が繰り返される過程で、児童の戸惑う様子や母親に対する複雑な感情について検討している。菅野・遠藤・島田・原・春日・大内・石井・元永（2007）は、一時帰宅を阻害する要因として親の要因、家庭環境の要因、その他の複合的な要因の3つに分類し、事例ごとに一時帰宅の実施条件が異なることを指摘している。また、菅野・渡部・安達・柴谷・谷口・大橋・島田・遠藤・原・春日・石井・大内・元永（2008）の事例報告によると、親が児童に「また迎

25

えに来るね」と伝えたきり音信不通になり、一時帰宅の中断で児童が不安を強め、親への不信感を募らせている様子を報告している。

さて、家族のもとへの一時帰宅が困難な児童や、実親以外の家庭に訪問する宿泊交流の実態に触れた研究は、家庭復帰を前提とした研究に比べて少ないもののわずかにみられる。菅野他（2007）は一時帰宅の困難な55事例の検討を行っているが、児童の約3割は一時帰宅を望み、約3割は一時帰宅の話題に触れないといった児童の様子を報告している。

先行研究をみていくと、家族再統合プロセスにみられる一時帰宅の実施は児童の心理に大きな影響を及ぼし、それが児童の行動変化や心理的変化として生じることが考えられる。これまでの先行研究では子育てによる母親の心理的変化に関する研究はいくつかみられるものの（今井, 2006; 木下, 1999）、児童の行動変化や心理的変化に関する研究はあまりみられない。そのため、親に関する研究だけでなく、児童の行動および心理的変化の視点からも家族再統合プロセスを捉えていく必要がある。特に、一時帰宅の実施や一時帰宅の困難な児童の実情を含めながら、家族再統合プロセスと児童の行動との関連について研究を通して深めていくことが重要である。しかし、児童養護施設でみられる児童の問題行動にはさまざまな要因が考えられるため、複数の要因を捉えながら検討する必要がある。次節では、児童養護施設における児童の「問題行動」の実際を示し、児童の心理的問題を含め家族再統合プロセスの観点から議論を深める。

4. 児童養護施設における児童の「問題行動」と心理的変化

児童養護施設にて児童が落ち着いて生活するためには、児童を抱える環境である施設環境の安定が重要となる（坪井, 2008）。しかし、現状としては児童の問題行動は後を絶たない状態であり（岡本, 1999）、児童のさまざまな行動化に施設職員が振り回されているといった指摘がある（国分, 2005）。また高田（2002）は、児童の集団心性が働くことで児童の反抗行動が増長され、ルール違反や問題行動が頻発し施設職員の手に負えない状態になってしまうことにも触れている。児童の問題行動は集団の病理を反映していることが多いため（春日, 2000）、施設生活における児童間の関係性

にも留意する必要がある。

　また児童の問題行動の背景として、児童虐待による要因にも考慮する必要がある。奥山（1999）は被虐待児の特徴について虐待種別にまとめている。身体的虐待には、生活を楽しむ能力の低下、激しいかんしゃく、多動などを挙げている。性的虐待については、不安、抑うつ、怒りや憎悪、不適切な性行為との関連を示している。ネグレクトでは、感情分離（過度の愛情希求と離れることの繰り返し）、感情の極端な抑圧、他者と共感する能力の低下、暴力などの関連を挙げている。心理的虐待では、自己評価の低下（愛されておらず、求められておらず、自分には価値がないという感情）、自己破壊的行動、抑うつ、他者の顔色をうかがうといった内容との関連を挙げている。また、奥山（2006）は他者関係の問題として、被虐待児は大人を信頼していないため、危険が迫っている時や痛みに襲われた際に、大人に近づいて守ってもらうという行動をとれないといった特徴を述べている。また、児童が親をケアし、親をコントロールしようとするといった役割逆転が生じることもあると指摘している。

　木部（2006）は、精神分析理論の立場から被虐待児の対象関係について論じる中で、幼児、学童期の特徴として興奮、解離、攻撃者との同一化といった病的な防衛について触れている。興奮は、家庭での喧騒という状態そのものに同一化することで苦痛を解消してしまう場合があり、注意欠如・多動症／注意欠如・多動性障害（AD/HD）の診断基準（American Psychiatric Association, 2013）を満たすような症状となり、しばしば鑑別に苦慮すると指摘している。AD/HDの診断基準にあるような注意を集中し続けることの困難、指示に従えない、手足をそわそわ動かす、座っていることを要求される状況で席を離れるといった多動性の問題が、被虐待児の特徴と似ているという。

　さらに木部（2006）は、あまりに熾烈な被虐待体験は経験として整理されず、自己意識の外に配置される傾向があるために解離が生じると指摘している。また、攻撃者との同一化があると、主に弱いもの虐めに代表されるような粗暴で乱暴な問題行動として表面化するが、逆に無意識的に演じるといった過剰適応についても指摘している。

ところで、「問題行動」という用語だが、本研究では「施設職員が主に施設内で観察する集団生活から逸脱するような児童の不適応行動や、施設職員が『対応が必要な問題である』と認識し何らかの支援が必要な行動」とする。本研究ではこの「問題行動」という用語は一般的に言われる否定的な内容のみではなく、施設職員が児童の行動を「対応が必要な問題である」と捉えることで、児童への支援のきっかけを与える肯定的な意味を含めた用語として用いる。

　これまで、児童養護施設での児童の問題行動に関する研究は比較的多く行われている。たとえば、年齢層の比較を通して小学生の妨害行動や挑発行動が顕著であることを示した研究（菅野・元永, 2006b）や、親の離婚や別居、虐待、精神疾患、アルコール依存、長期的な拘禁などの問題が児童の問題行動の背景にあるといった指摘（鈴木・佐藤・秋元・金・木下, 2002）、施設への入所時と退所時の児童の行動比較に関する研究（佐藤・鈴木, 2002a）、対応困難児童には基本的な生活習慣の問題や学校不適応の問題が入所前から継続していることを示した研究（田村, 1985）がある。また、坪井（2005）は被虐待体験のある児童には社会性の問題や思考の問題、注意の問題、非行的行動、攻撃的行動がみられることを明らかにしている。

　さて、これまで児童虐待や児童の年齢層、親の問題、生活習慣の問題などの関連から児童の問題行動について指摘されてきたが、家族再統合と児童の行動との関連はどうであろうか。

　アメリカでは里親ケアを重視していることは前述したが、里親ケアでの家族再統合と子どもの問題行動に関する研究がわずかにみられる。たとえば、Price, Chamberlain, Landsverk, Reid, Leve, & Laurent（2008）は、里親委託時の環境の変化が児童の問題行動に与える影響を示唆している。

　このように、アメリカでは里親ケアからみた家族再統合と児童の行動に関する研究がわずかにみられるが、日本の児童養護施設ではどうであろうか。

　これまで、児童養護施設と一時帰宅の実施と児童の行動との関連について触れた研究はわずかにみられる。たとえば菅野・元永（2006a）によると、一時帰宅が実施されていたとしても家庭復帰の可能性のない児童は、

一時帰宅前後に施設職員に対し甘える行動を表出する傾向があることを指摘している。菅野・元永（2008）は、一時帰宅を実施している児童は、実施していない児童に比べて喧嘩を誘発する行動が顕著にみられることを明らかにしている。また、統計的な有意差は確認されていないが、一時帰宅が不定期で実施されている児童は施設内で問題行動を起こす傾向がみられることを指摘している。菅野・安達・渡部・阿部・香月・手塚・林・松ヶ迫・元永（2008）の質的分析から導かれた仮説によると、将来的に家庭復帰をするか社会的自立をするかのどちらかで退所の見通しが揺らいでいる児童は、問題行動が高まりやすいことに言及している。

　これらの先行研究では児童養護施設における家族再統合と児童の行動との関連を検討する上で重要な示唆を与えているが、これらは横断的な研究であるため、児童の経過を追いながら追跡的に検討することが求められる。特に、一時帰宅の経過や退所状況と児童の行動との関連はどうであるか、また児童の心理的変化としてどのようなことが起こりうるか理解を深める必要がある。これまでの先行研究では、一時帰宅前後の児童の施設職員に甘える行動や、一時帰宅の実施と児童の問題行動との関連が指摘されているが、一時帰宅の経過により児童に心理的変化が生じ、それが児童の行動変化として表出されることが考えられる。また、家庭復帰や社会的自立を目前にして生起するさまざまな感情についても児童の心理的変化として捉え、児童の行動変化との関連を検討すべきである。

　菅野・元永・春日（2009）は、児童にとって最も影響力のある家族との関係が、児童の問題行動および心理に影響を及ぼすことを示唆している。そのため、家族再統合プロセスや児童の行動変容の背後にある児童の心理的変化を明らかにすることで、児童の視点からの家族再統合の問題や児童への心理的支援を深く検討することが可能となろう。

　厚生労働省は、心理的支援の必要な児童が児童養護施設で増加していることを受けて、1999年に心理療法等担当職員（以下、心理職とする）を各施設に配置するよう通達している。東京都社会福祉協議会児童部会が行った調査（2003）によると、児童養護施設の心理職の主な職務として、児童への心理療法（プレイセラピー）や施設職員へのコンサルテーションを

行っている施設が大半である。森田（1989）は、施設に入所する以前に家庭の崩壊によってもたらされた児童の心理的葛藤の軽減に目を向ける必要があると述べており、入所前の家族状況の把握のみならず、入所後の家族再統合プロセスに沿った心理的支援を強調している。また、児童の問題行動を心理療法場面で取り上げ、日常場面への適応について検討を行うこと（藤岡, 2006）や、児童と施設職員の関係を心理職が支える視点をもつこと（井出, 2007; 安田, 2001）も心理職の役割として重要である。

　2004年時点では心理職を常勤とした施設は少なく、非常勤で対応している施設が多かった（金子, 2004）。その後、2006年には厚生労働省が児童養護施設の心理職の常勤化を進めており、今後の活躍がますます期待される。また、児童養護施設での心理職に求められるニーズも多様化しているため（坪井, 2008）、心理職の役割が本格的に見直されるべき時期にきていると思われる。心理職の役割の中でも、家族再統合に向けた心理的支援について特に議論を深める必要がある。

　菅野（2006）は、支援者側が児童の語る親への不満を受容、共感しすぎることで、児童が支援者側への依存性を強め、親子間の関係を悪化させる可能性について指摘している。児童養護施設では、児童が親への不信感を施設職員に語ることがあり、また、施設職員自身も親からの不適切な言動により心理的に傷つくことがある。そのため、施設内で第三者的な立場である心理職が、児童と家族の関係性だけでなく児童、家族、施設職員間で起こっている関係性をアセスメントしながら、家族再統合の視点に立って適切な支援のあり方を検討すべきであろう。

Ⅲ　本研究の論点の整理

　ここまで、核家族化や少子化などの家庭環境の変質について触れ、児童虐待や養育困難といった家庭の事情で児童養護施設に措置される現状について述べてきた。そして、児童養護施設における諸問題として、家族から分離された児童が家族とどのように再び統合していくかという家族再統合

第 1 章　序　論

の問題や、児童が施設内で引き起こす問題行動、そして施設での支援および支援を行う中での心理職の役割について触れた。

　児童養護施設に入所している児童が一時帰宅等を通して家族と接することや、逆に一時帰宅が行われず家族と関わる機会がないことでも児童の心理にはさまざまな影響が生じやすい。児童はそれらを言葉で表現することが未熟なことから、一時帰宅等による影響として施設内での行動を通して表現する可能性がある。そのため、一時帰宅等を含めた家族再統合プロセスに沿いながら児童の行動変化を把握することで、そのプロセスのより詳細な検討が可能となろう。

　そこで、家族再統合プロセスと児童の行動変化について、特に一時帰宅との関連を含めて追跡的にみていく必要がある。また、児童の示す症状を新しい家族関係の構築の機会と受けとめ（春日, 2000）、児童の心理的変化の検討へとつなぎたい。そして、家族再統合プロセスや児童の行動変化を捉えるためには、施設職員が観察した児童の行動に着目することが有益となろう。また児童養護施設全体の家族再統合プロセスの実態を捉え、施設職員がどのような意識で家族再統合に向けた支援を行っているかを把握することで、児童養護施設での家族再統合のあり方の議論が強まると考えられる。これが、本研究の出発点である。

Ⅳ　本研究の目的

　本研究では、児童養護施設における家族再統合プロセスの実態を明らかにすることを目的とする。特に、家族再統合プロセスと児童の行動がどのように関連し、児童にどのような心理的変化がみられるか、5つの研究を通して検討を行った。

［研究1］一時帰宅等の実態と児童の行動に関する研究

　まず、研究1を基礎調査研究とし、児童養護施設に入所している児童のある時点での一時帰宅等の実態を明らかにすることで、一時帰宅等と児童

31

の行動がどのように関連しているか検討することを目的とした。そして、一時帰宅等が児童の心理にどのように影響を及ぼしているか、また、家族再統合との関連で一時帰宅等がどのような意義を生み出しているかを考察した。

つぎに、追跡調査研究として研究2と研究3を行った。これは、研究1で調査対象となった同一の児童について、基礎調査から2年半後の状況を追跡した調査である。

[研究2] 基礎調査から2年半後の児童の行動と心理的変化に関する研究

研究2では、基礎調査から2年半後に家族再統合プロセスがどのように進んでいるか、類型化を通して一時帰宅と退所状況の全体像を明らかにすることを目的とした。まず、2年半後も継続入所している児童については、一時帰宅の類型と児童の行動がどのように関連しているかを検討し、家族再統合プロセスの視点から一時帰宅の意義について考察した。つぎに、2年半の間に退所した児童については、退所の類型と児童の行動がどのように関連しているかを検討し、家族再統合がどの程度達成されたかという観点から考察した。その上で、家族再統合プロセスと児童の心理的変化との関連について考察した。

[研究3] 類型化からみた個別事例に関する研究

研究3では各類型から15事例を抽出し、類型化からみた個別事例について問題行動の変動を中心に質的に検討した。その上で、児童の行動にどのような変化がみられるか明らかにすることを目的とした。また、個別事例ごとに一時帰宅の意義や問題行動の内容、児童の心理的変化を考察し、家族再統合の視点も含めて論じた。

[研究4] 介入プログラムを用いた児童への心理的支援に関する1事例研究

研究4では研究3で挙げた中の1事例に着目し、児童の、家族を含めた他者とのコミュニケーションを促進させるための行動分析学に基づいた介入プログラムの実践を通して、選択機会の有無や児童が好むような課題の

第1章　序　論

有無などの条件設定によって児童のプログラムへの自発的な参加が高まるかどうかを検討した。つぎに、各条件に応じた児童の行動の変化や情動の変化を含めた心理的変化を捉えるために、児童のより詳細な行動を分析した。そして、プログラムの導入前後の児童の心理的変化を含め、児童養護施設における介入プログラムの意義や心理職の役割、家族再統合プロセスの観点からの介入プログラムの有効性について考察した。

[研究5]　施設職員による児童と家族の関係調整に関する質的研究

　研究5では研究3で示したうち2事例を対象とし、児童を担当する施設職員の語りを基に、一時帰宅をめぐる施設職員による児童と家族への関わりを中心に質的分析を行うことを目的とした。まず、関係調整を通した児童と家族の様子について明らかにし、施設職員がどのような感情を抱きながら児童と家族の双方に関わっているか検討を行った。そして、質的分析を通して児童と家族の関係調整に関する仮説モデルを生成し、児童、家族、施設職員の心理プロセスを踏まえた家族再統合の観点から、心理職が行う関係調整アセスメントについて検討した。

[総合的考察]

　これらの5つの研究を踏まえ、総合的考察にて児童の行動および心理的変化を検討し、児童養護施設における家族再統合プロセスを論じた。また、家族再統合の概念について再定義した。そして、家族再統合支援のあり方について考察し、家族再統合を適切に促進するためのアセスメントについて検討した。また、家族再統合支援の観点から心理職の役割について述べた。さらに、現代社会における児童養護施設と家族再統合について言及し、最後に本研究の課題と展望について論じた。

V　本研究の構成

　本研究の構成を図1-1に示した。本研究は6つの章からなり、研究1か

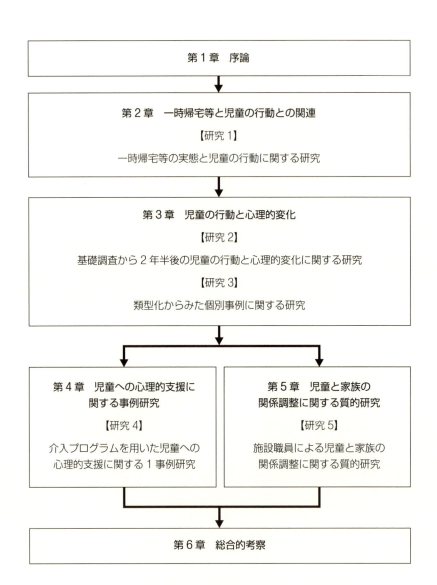

図1-1 本研究の構成

第1章 序　論

ら研究5の5つの研究で構成されている。

　第1章では序論としてすでに述べた通りである。第2章ではある時点での家族再統合の実情と児童の行動を明らかにするために、基礎調査研究（研究1）を行った。第3章では、2年半後に家族再統合の実情がどのように経過し、児童の行動がどのように変化したかを検討するために、追跡調査研究（研究2、研究3）を行った。第4章では、家族再統合の促進を目的とした介入プログラムの実践として、1事例の心理的支援に関する事例研究（研究4）を示した。第5章では、施設職員が児童をどのように観察し、児童と家族に対してどのように関わっているかを検討するため、児童と家族への関係調整に関する質的研究（研究5）を行った。これらの5つの研究の検討を通して、最後に第6章において総合的考察を行い、児童養護施設における家族再統合プロセスの検討や家族再統合支援のあり方などを考察した。

第 2 章

一時帰宅等と児童の行動との関連

Ⅰ 【研究 1】一時帰宅等の実態と児童の行動に関する研究

Ⅱ 第 2 章のまとめ

Ⅰ 【研究1】一時帰宅等の実態と児童の行動に関する研究

1. はじめに

　第1章の序論では、児童虐待に関わる支援や児童養護施設での対応として、家族再統合の視点が重要であることを述べた。また、児童養護施設に入所した児童の中には、家庭復帰に向けて家族のもとへ一時帰宅を行う児童がいることを述べた。また、一時帰宅が行えない児童については、家庭生活を体験する場として宿泊交流が行われているが、これらの一時帰宅や宿泊交流を本研究では「一時帰宅等」とし、これらを通した家族再統合への取り組みの必要性について触れた。

　近年、全国の児童養護施設に入所している児童の約半数は一時帰宅を行っているが（厚生労働省, 2015b）、実際、一時帰宅等を行う児童にはどのような特徴がみられるのだろうか。

　児童養護施設に入所した児童の一時帰宅等に関する指摘として、一時帰宅先で児童が家族から不適切な扱いを受けた事例（加藤曜子, 2004）や、一時帰宅先で児童が虐待死した事件（朝日新聞, 2006）が報告されている。これらも含め、これまでは児童虐待の再発への懸念から一時帰宅のマイナス面が強調されてきた傾向がある。そのため、家族再統合の視点から一時帰宅の肯定的な側面を含めた検討が必要である。

　一方、菅野他（2007）は一時帰宅および宿泊交流のどちらも行っていない児童が存在することを明らかにしている。先行研究では児童養護施設の入所児童のうち、一時帰宅を行うことができない児童について論じた研究は少なく、宿泊交流の実態に関する調査はほとんど行われていない。

　そこで、一時帰宅を行っている児童、一時帰宅を行っていない児童を分けて論じ、宿泊交流も含めてそれらの肯定的な側面と課題について明らかにしながら、家族再統合の問題を検討する必要がある。

　さて、家族から引き離され児童養護施設に入所した児童にとって、一時帰宅や宿泊交流の実施は児童にどのような心理的影響を及ぼすのだろうか。

児童養護施設では一時帰宅や宿泊交流を通して、家族に対するさまざまな感情が日常の施設生活にて生起することが予測される。しかし、児童は言葉が未熟なことから、家族に対する感情が適切に言語化されず、施設内で行動を通して表現される可能性がある。その行動が逸脱的になった場合、問題行動として認識されることになる。

これまで、児童養護施設では児童の行動化が深刻な問題となっており（岡本, 1999）、児童養護施設における入所児童の問題行動に関する研究は比較的多く行われてきている（菅野・元永, 2006b; 佐藤・鈴木, 2002a; 鈴木他, 2002; 田村, 1985; 坪井, 2005）。しかし、家族再統合の視点から、一時帰宅等と児童の行動がどのように関連し、一時帰宅等が児童にどのような心理的影響を与えているか論じた研究はあまりみられない。

2. 目 的

研究1では児童養護施設に入所している児童のある時点での一時帰宅等の実態を明らかにし、一時帰宅等と児童の行動がどのように関連しているか検討することを目的とする。そして、一時帰宅等の肯定的側面と課題の検討を含めて一時帰宅等が児童の心理にどのように影響を及ぼしているか、また、家族再統合との関連で一時帰宅等がどのような意義を生み出しているか考察する。

3. 対象と方法

（1）対象

調査対象は、首都圏にある児童養護施設（以下、施設Aとする）に2004年10月1日時点で入所している全児童97人である。調査協力者は児童を担当する施設職員（直接処遇職員）（以下、担当職員とする）。

施設Aでは、小舎制寮（定員8人）あるいは中舎制寮（定員15人）を施設の敷地内外に数ヶ所設置している。各寮には、生活場面で児童のケアを行う職員（児童指導員あるいは保育士）が児童約4人につき1人の割合で配属されている。1つの寮には3歳から18歳までの男女の児童が5〜15人の小集団で生活している。就寝する部屋は男女別に分かれている。また、

施設の敷地内には心理室が設置されており、数人の心理職が心のケアを行っている。筆者は2001年4月から施設Aに学習ボランティアとして継続的に関わり、2003年5月からは施設Aの心理職（嘱託）として携わっている。そのため、施設職員から調査の協力を得やすい関係が築かれており、児童の生活場面や職員の動きについて直接観察し、聞き取りを行うことの理解も十分に得られる状況にあった。

(2) 調査方法

　調査にあたっては、施設内での職員会議で調査票の内容や分析方法、倫理的配慮について説明した。倫理的配慮としては、個人や団体が特定されないようにプライバシーに配慮を行うことや、調査で得られたデータは厳重に管理することなどを伝え、最終的に施設長の承認を得て調査を実施した。

　調査は2004年10月8日から10月15日にかけて実施した。調査票は10月8日に施設内会議室にて配付し、2004年10月8日時点の状況について担当職員に調査票への記入を依頼した。なお、調査票の依頼、配付、回収は施設内にて筆者自身が直接行い、回収までの調査票の管理は担当職員に徹底するよう求めた。また、未記入については筆者が再度担当職員に尋ねた。回収数は97票（回収率100%）であった。全97票を有効と認め、分析対象とした。

　調査票はA4判8枚からなり、属性に関する項目、一時帰宅等に関する項目、児童の行動に関する項目などから構成された。属性に関しては、性別、年齢、被虐待経験の有無、過去の措置歴の有無などの11項目からなり、大阪市児童福祉施設連盟養護部会処遇指標研究会（2003）による調査票の一部を参考に筆者が作成した。なお、被虐待経験の有無は、施設入所以前に被虐待経験があったかどうかを担当職員に尋ねた。過去の措置歴の有無に関しては、施設Aに入所する以前に措置があったか否かを尋ねた。

　一時帰宅等に関する項目については、一時帰宅等の実態を把握することを主な目的とした。まず、最近1年間に一時帰宅を実施しているか否かについて尋ねた。一時帰宅を実施していない児童については、宿泊交流を

行っているかどうかを尋ね、一時帰宅が実施できない理由について尋ねた。その上で、一時帰宅等の効果と課題を尋ねた。なお、これらの質問については、加藤曜子（2004）の外泊アセスメント指標を参考に作成し、施設Aの複数職員からの聞き取りを事前に行った上で項目内容の検討を行い、筆者が作成した。

児童の行動に関する項目は、施設内で出現する行動を明らかにすることを目的とし、最近1年間（2003年11月から2004年10月）に施設内で観察された児童の行動について尋ねた。この項目は、Eyberg（1992）が作成したEyberg Child Behavior Inventoryの日本語版「アイバーグ・チェックリスト」（三輪田・手塚, 1998）（以下、ECBIとする）を訳者の承諾を得て使用した。ECBIは、対象となる児童についてよく熟知している大人が報告する簡便な評価法である。児童の行動の頻度に関する36項目について「どのくらいの頻度であてはまるか」を尋ねており、「決してない」から「いつも」の7件法で回答を求めている。この尺度は得点が高いほど、問題とされる行動が頻繁に観察されていることを示している。

（3）分析方法

まず、調査対象の集団を捉えるために属性について示した。年齢については3～6歳、7～12歳、13～18歳の3つに分類した。また、被虐待経験の有無については「被虐待あり」と「被虐待なし」の2つに分類した。過去の措置歴については、施設Aに入所する以前に施設への措置歴がある児童を「措置歴あり」とし、措置歴がない児童を「措置歴なし」として2つに分類した。

つぎに、一時帰宅等の実態を把握するために、一時帰宅等について3つに分類した。まず、家族のもとに一時帰宅を実施している児童を「一時帰宅あり群」とした。そして、家族のもとに一時帰宅を実施していない児童を、「一時帰宅なし／宿泊交流あり群」と「一時帰宅なし／宿泊交流なし群」とし、宿泊交流の有無を区別した。その上で、一時帰宅等の分類と各属性との関係を明らかにするためクロス集計表を作成した。

一時帰宅および宿泊交流の開始の経緯については、各群に占める割合を

示した。また、「一時帰宅先および宿泊交流先での過ごし方」「他の児童が一時帰宅に行く際の児童の反応」についても各群に占める割合を示した。なお、いずれの項目も複数回答が含まれた。

　一時帰宅等の分類と児童の行動との関連を分析するために、各児童のECBIの全36項目の得点を加算し、その合計得点をECBI全項目得点とした。そして、ECBIには既存の下位尺度がなかったことから、児童の行動を詳細に検討するためにECBIの下位尺度を以下の手順で作成した。

　まず、きょうだいに関する2項目（「きょうだいと口喧嘩をする」「きょうだい喧嘩の時に暴力を振るう」）は、きょうだいがいない児童の場合は欠損値となるため、因子分析から除いた。そして、34項目に対し主因子法Promax回転による探索的因子分析を行った。因子負荷量0.35以上の項目を基準に選び、0.40未満の項目を削除し再分析した。下位尺度のα係数が0.70に満たない場合についても項目を削除し再分析した。削除した項目は、「職員をぶつ」「おねしょをする」「自分の思い通りにならないと怒り出す」「かんしゃくもちである」などの計9項目であった。最終的に、25項目から3つの因子が抽出された。なお、これらの因子数はスクリープロットや寄与率の減衰、各因子に含まれる項目の内容などから決定した。そして、因子分析から下位尺度を作成した。作成された下位尺度の項目の得点を加算し、その合計得点をECBI下位尺度得点とした。

　その上で、一時帰宅等の分類とECBI全項目得点、ECBI下位尺度得点について一元配置の分散分析およびTukeyのHSD法による多重比較を行った。

　なお、これらの統計解析はSPSS12.0J for Windowsを用いた。

　最後に、一時帰宅等の肯定的側面と課題を捉えるために、自由記述データの分析を行った。調査票では一時帰宅等の「効果と課題」について自由記述で尋ねたが、効果として馴染まない内容がみられたことから施設職員が肯定的に捉えている側面ということで「肯定的側面」という言葉で整理した。そして、一時帰宅等の分類ごとに自由記述内容を分けて示し、特に重要と思われる内容を抽出し、各分類で表記した。

第 2 章　一時帰宅等と児童の行動との関連

4. 結　果

(1) 一時帰宅等の分類と属性

1) 調査対象の属性

　まず、調査対象（$n = 97$）の属性について表 2-1 に示した。性別では、男子が 56 人で女子が 41 人であった。平均年齢は 9.8 歳（$SD = 4.3$）で、年齢層は 7 〜 12 歳が全体の 45.4％を占めていた。

　被虐待経験の有無では、被虐待経験のある児童（$n = 47$）が対象者の 48.5％を占めていた。なお、虐待種別については、ネグレクト（保護の怠慢ないし拒否）が半数以上を占めた。過去の措置歴では、全体の 55.7％が乳児院等の施設を経て入所していた。

　一時帰宅等の分類では、一時帰宅あり群（$n = 46$）が全体の 47.4％を占めていた。また、一時帰宅なし／宿泊交流あり群（$n = 38$）は 39.2％、一時帰宅なし／宿泊交流なし群（$n = 13$）は 13.4％であった。

表 2-1　調査対象の属性

		$n = 97$ 人（％）
性別		
	男子	56 （57.7）
	女子	41 （42.3）
年齢層		
	3 〜 6 歳	25 （25.8）
	7 〜 12 歳	44 （45.4）
	13 〜 18 歳	28 （28.9）
過去の被虐待経験		
	被虐待あり	47 （48.5）
	被虐待なし	49 （50.5）
	不明	1 （1.0）
過去の措置歴		
	措置あり	54 （55.7）
	措置なし	43 （44.3）
一時帰宅等の分類		
	一時帰宅あり群	46 （47.4）
	一時帰宅なし／宿泊交流あり群	38 （39.2）
	一時帰宅なし／宿泊交流なし群	13 （13.4）

43

表 2-2　一時帰宅等の分類と属性

$n = 97$ 人（縦％）

| | 一時帰宅あり群 ($n = 46$) | 一時帰宅なし | | 合計 |
		宿泊交流あり群 ($n = 38$)	宿泊交流なし群 ($n = 13$)	
年齢層				
3 〜 6 歳	12　(26.1)	11　(29.0)	2　(15.4)	25　(25.8)
7 〜 12 歳	23　(50.0)	16　(42.0)	5　(38.5)	44　(45.3)
13 〜 18 歳	11　(23.9)	11　(29.0)	6　(46.2)	28　(28.9)
被虐待経験の有無*				
被虐待あり	15　(32.6)	22　(57.9)	10　(76.9)	47　(48.5)
被虐待なし	31　(67.4)	15　(39.5)	3　(23.1)	49　(50.5)
過去の措置歴				
措置歴あり	26　(56.5)	23　(60.5)	5　(38.5)	54　(55.7)
措置歴なし	20　(43.5)	15　(39.5)	8　(61.5)	43　(44.3)

*不明 1 人を除いたものを表記した。

2）一時帰宅等の分類と属性

　一時帰宅等の分類と属性について表 2-2 に示した。一時帰宅あり群の特徴として、7 〜 12 歳（$n = 23$）が半数を占め、被虐待経験のない児童が群内の 67.4％を占めた。一時帰宅なし／宿泊交流あり群では、被虐待経験のある児童が 57.9％を占め、措置歴のある児童が約 6 割みられた。一時帰宅なし／宿泊交流なし群では、13 歳以上が半数を占めており、被虐待経験のある児童が 76.9％を占めていた。

3）一時帰宅および宿泊交流の開始の経緯

　一時帰宅および宿泊交流の開始の経緯について各群に占める割合を表 2-3 に示した。一時帰宅あり群では親の要望により開始した児童が 93.5％と大半を占めたが、児童の要望で開始されたケースは 56.5％であった。一時帰宅なし／宿泊交流あり群では、児童養護施設の方針で実施された児童が 84.2％と 8 割を超えていた。

第 2 章　一時帰宅等と児童の行動との関連

表 2-3　一時帰宅および宿泊交流の開始の経緯（複数回答可）

$n = 84$ 人（各 %）

	一時帰宅あり群（$n = 46$）	一時帰宅なし／ 宿泊交流あり群（$n = 38$）
親の要望	43 （93.5）	10 （26.3）
児童の要望	26 （56.5）	11 （28.9）
児童養護施設の方針	25 （54.3）	32 （84.2）
児童相談所の方針	12 （26.1）	7 （18.4）

表 2-4　一時帰宅先および宿泊交流先での過ごし方（複数回答可）

$n = 84$ 人（各 %）

	一時帰宅あり群（$n = 46$）	一時帰宅なし／ 宿泊交流あり群（$n = 38$）
外出が多い	21 （45.7）	24 （63.2）
家族と過ごすことが多い	29 （63.0）	26 （68.4）
一人で過ごすことが多い	7 （15.2）	1 （2.6）
不明	0 （0.0）	1 （2.6）

表 2-5　他の児童が一時帰宅に行く際の児童の反応（複数回答可）

$n = 97$ 人（各 %）

	一時帰宅あり群 （$n = 46$）	一時帰宅なし	
		宿泊交流あり群 （$n = 38$）	宿泊交流なし群 （$n = 13$）
テンションが高くなる	8 （17.4）	5 （13.2）	2 （15.4）
過剰に反応する	2 （4.3）	2 （5.3）	1 （7.7）
うらやましがる	12 （26.1）	14 （36.8）	6 （46.2）
施設職員に甘えてくる	6 （13.0）	6 （15.8）	1 （7.7）
特に変化なし	26 （56.5）	18 （47.4）	7 （53.9）

4）一時帰宅先および宿泊交流先での過ごし方

　一時帰宅先および宿泊交流先での過ごし方について、表 2-4 に示した。一人で過ごすことがある児童は一時帰宅あり群に 15.2% みられた。

5）他の児童が一時帰宅に行く際の児童の反応

　他の児童が一時帰宅に行く際の児童の反応について、表 2-5 に示した。特に変化なしという児童が各群で約半数にみられたが、一時帰宅なし／宿

泊交流なし群ではうらやましがるケースが13人中6人みられ、宿泊交流
あり群においても36.8％みられた。

(2) 一時帰宅等の分類と児童の行動との関連について

1) ECBIの下位尺度作成

　児童の行動をより詳細に分析するため、ECBIの下位尺度を作成した。
ECBIの因子分析結果として、Promax回転後の最終的な因子パターンと
因子間相関を表2-6に示した。

　ECBIの第1因子は8項目で構成されており、長い時間集中することが
できない、1つのことに集中することが難しい、仕事の邪魔をする、たえ
ず注意を引こうとするなど、集中が困難な状況や妨害する行動が含まれる
ことから「集中困難・妨害行動因子」と命名し、集中困難・妨害行動得点
とした。

　第2因子は11項目で構成され、何かするように言われると反抗的な態
度をとる、決められたことについて職員に文句を言う、生意気である、と
いった内容が多く含まれることから「反抗行動因子」とし、反抗行動得点
とした。

　第3因子は6項目で構成され、出された食事を食べない、寝る支度をな
かなかしないなど、食事や就寝を阻害する行動が含まれることから「食
事・就寝阻害行動因子」とし、食事・就寝阻害行動得点とした。

　これらの3つの因子により尺度が作成され、ECBI下位尺度とした。そ
して、尺度の信頼性の検討を行うためにCronbachのα係数を算出したと
ころ、第1因子が0.91、第2因子が0.93、第3因子が0.86であった。こ
のことから、尺度の内的整合性は高いと判断される。

2) 属性とECBI得点

　児童全体のECBI全項目得点の平均値は、112.9（$SD = 35.6$）であった。

　性別、年齢層、被虐待経験、過去の措置とECBI全項目得点についてt
検定および分散分析を行ったところ、年齢層のみわずかな差がみられた。
そこで、分析結果を表2-7に示した。TukeyのHSD法による多重比較を

第2章　一時帰宅等と児童の行動との関連

表2-6　ECBIの因子分析結果（Promax回転後）

	因子1	因子2	因子3
第1因子〈集中困難・妨害行動〉　$a = 0.91$			
長い時間集中することができない	0.80	0.08	-0.14
1つのことに集中することが難しい	0.73	0.07	-0.03
何事も最後までやり遂げることができない	0.71	0.12	-0.05
仕事の邪魔をする	0.68	0.00	0.16
たえず注意を引こうとする	0.67	0.07	0.02
自分一人で楽しむことが難しい	0.66	-0.04	0.15
活発すぎるか落ち着かないかのどちらかである	0.64	0.11	0.00
同じ年頃の友達と口喧嘩をする	0.54	0.22	-0.07
第2因子〈反抗行動〉　$a = 0.93$			
何かするように言われると反抗的な態度をとる	0.10	0.82	0.02
決められたことについて職員に文句を言う	0.04	0.74	0.08
うそをつく	-0.02	0.74	-0.06
生意気である	0.29	0.71	-0.25
罰を与えると脅かすまで言うことを聞かない	-0.01	0.71	0.21
他の子どもたちをからかったり怒らせたりする	0.38	0.65	-0.27
盗みをはたらく	-0.11	0.62	-0.01
約束を守らない	0.06	0.61	0.23
ぐちる	0.26	0.59	-0.05
お手伝いを頼んでも言うことを聞かない	-0.04	0.50	0.38
物やおもちゃを壊す	0.23	0.40	0.26
第3因子〈食事・就寝阻害行動〉　$a = 0.86$			
出された食事を食べない	-0.26	0.22	0.75
寝る支度をなかなかしない	-0.09	0.35	0.73
着替えるのにぐずぐずと時間がかかる	0.44	-0.38	0.72
食事の時間にぐずぐずするか、だらけてしまう	0.37	-0.27	0.67
決められた時間に寝ようとしない	-0.19	0.46	0.57
食事の時の行儀があまりよくない	0.38	-0.15	0.41
因子間相関　　因子1	1	0.63	0.48
因子2	0.63	1	0.46
因子3	0.48	0.46	1

a は Cronbach の a 係数

表2-7　年齢層とECBI得点

n = 97

	平均得点 （*SD*）			*F*値	多重比較
	3 ～ 6 歳 （*n* = 25）	7 ～ 12 歳 （*n* = 44）	13 ～ 18 歳 （*n* = 28）		
ECBI全項目	103.8 （25.7）	122.5 （36.3）	105.9 （39.1）	3.10 †	3 ～ 6 歳＜ 7 ～ 12 歳
集中困難・ 妨害行動	26.2 （8.1）	30.6 （9.9）	25.6 （11.3）	2.75 †	7 ～ 12 歳＞ 13 ～ 18 歳
反抗行動	27.4 （9.0）	39.1 （12.7）	35.9 （14.0）	7.22**	3 ～ 6 歳＜ 13 ～ 18 歳 3 ～ 6 歳＜ 7 ～ 12 歳
食事・ 就寝阻害行動	19.9 （6.9）	21.6 （6.9）	17.9 （8.2）	2.19 †	7 ～ 12 歳＞ 13 ～ 18 歳

† *p*<.10　**p*<.01

表2-8　一時帰宅等の分類とECBI得点

n = 97

	平均得点 （*SD*）			*F*値	多重比較
		一時帰宅なし			
	一時帰宅 あり群 （*n* = 46）	宿泊交流 あり群 （*n* = 38）	宿泊交流 なし群 （*n* = 13）		
ECBI全項目	112.0 （31.6）	119.2 （39.1）	97.5 （35.7）	1.87	
集中困難・ 妨害行動	28.1 （8.9）	29.7 （11.3）	22.7 （9.3）	2.43 †	交流あり＞交流なし
反抗行動	35.2 （11.6）	36.8 （14.6）	30.1 （13.1）	1.30	
食事・ 就寝阻害行動	19.3 （7.1）	21.3 （6.7）	19.1 （9.9）	0.89	

† *p*<.10

行ったところ、反抗行動得点において7 ～ 12歳および13 ～ 18歳が3 ～ 6
歳と比べて有意に得点が高かった（*F*（2,94）= 7.22, *p*<.01）。集中困難・妨
害行動の得点と食事・就寝阻害行動得点においても7 ～ 12歳が13 ～ 18歳
と比べてわずかに得点が高い傾向がみられた。

3）一時帰宅等の分類とECBI得点

　一時帰宅等の分類とECBI全項目得点の分析結果を表2-8に示した。そ
の結果、集中困難・妨害行動の得点において有意差は確認されなかったも
のの（*F*（2,94）= 2.43, *p*<.10）、TukeyのHSD法による多重比較を行った

48

第2章　一時帰宅等と児童の行動との関連

ところ、一時帰宅なし／宿泊交流あり群が宿泊交流なし群と比べて得点が高い傾向がみられた。

(3) 一時帰宅等における肯定的側面と課題

　施設職員が感じる一時帰宅等の主な肯定的側面と課題について、一時帰宅あり群、一時帰宅なし／宿泊あり群、一時帰宅なし／宿泊なし群の3群ごとに表2-9にまとめた。
　一時帰宅あり群では、児童の情緒が安定する、親からの愛情を体感する

表2-9　施設職員が感じる一時帰宅等の主な肯定的側面と課題

カテゴリー	肯定的側面	課題
一時帰宅あり群	児童の情緒が安定する（9） 親からの愛情を体感している（3） 親の実情を理解するようになった（2） 家庭の実際が体験できた（2） 施設内で親の話題が増えている 親子関係が改善された	親の精神疾患の悪影響がある（5） 一時帰宅先の生活が不規則である（5） 物を買い与えることが多い（2） 甘えが抑えられない様子である 児童が情緒不安定な母親の模倣をする 母子依存が心配である
一時帰宅なし／宿泊交流あり群	宿泊交流先の大人に安心して甘える（2） 社会的な経験や人間関係が豊かになる（2） 親族からの愛情を受けとめられる 児童が宿泊交流先によく電話をしている 特定の大人とゆっくりとした時間を過ごせる 児童の気持ちが一時的に満たされる	児童が実親に拒否的で一時帰宅ができず 宿泊交流日がキャンセルになることが多い 宿泊予定日がずれることが多い 施設生活に慣れ、宿泊交流先に行き渋る 宿泊交流後は施設の生活リズムに合わない 宿泊交流先で自己中心的な言動がある
一時帰宅なし／宿泊交流なし群	施設職員が個別での関わりを増やす（2）	両親と音信不通で一時帰宅ができない（2） 母親が不法滞在で拘禁されている 再虐待のリスクがあり、一時帰宅ができない 宿泊交流させたいが受け入れ先がない 面会はあるが児童も親も戸惑いがみられる 親族に対して児童が関わりを拒否している

※カッコ内は重複した記載内容数

49

などの肯定的側面が挙げられたが、親の精神疾患の悪影響や一時帰宅先の生活が不規則などの課題も示された。

一時帰宅なし／宿泊交流あり群では、宿泊先の大人に安心して甘える、社会的な経験や人間関係が豊かになるなどの肯定的側面が示された。一方、児童が実親に拒否的で一時帰宅ができない現状や、宿泊交流日がキャンセルになる、宿泊予定日がずれるなどの課題も挙げられた。

一時帰宅なし／宿泊交流なし群では、施設職員が個別での関わりを増やすといった肯定的側面の他は、課題のみが示された。両親と音信不通、母親が不法滞在で拘禁中、再虐待のリスクなど、一時帰宅ができない実際が示された。また、宿泊交流させたいが受け入れ先がないといった現状も挙げられた。

5. 考　察

(1) 一時帰宅等の実態について

一時帰宅あり群（$n = 46$）が入所児童全体の約 5 割にみられ、全国的な数値（厚生労働省, 2015b）とほぼ同様であった。このことから、児童養護施設に入所してからも一時帰宅を通して家族と交流を行っている実態が本研究でも確認された。また、一時帰宅なし／宿泊交流あり群（$n = 38$）は入所児童全体の約 4 割を占めており、一時帰宅が実施できない児童への配慮がなされている実情が示された。一時帰宅なし／宿泊交流なし群は13.4％であり、家庭で過ごす機会が得られない児童が一定の割合で存在することもわかった。

一時帰宅等の分類と属性との関連として、一時帰宅あり群では被虐待経験のない児童が約 7 割近くを占めていた。一方、一時帰宅なし／宿泊交流あり群の57.9％、一時帰宅なし／宿泊交流なし群の76.9％が被虐待経験のある児童であったことから、被虐待経験のある児童は一時帰宅や宿泊交流の実施が難しい傾向にあるといえる。実際、一時帰宅なし／宿泊交流なし群では「再虐待のリスクがあり一時帰宅ができない」といった課題が挙げられており、虐待を受けた児童にどのように家族再統合を促していくかが問われる内容である。

第2章　一時帰宅等と児童の行動との関連

　一時帰宅および宿泊交流の開始の経緯をみると、親の要望で一時帰宅が開始されたケースが93.5％を占めた。庄司（2004）は一時帰宅の条件として「親および児童が共に一時帰宅を希望していること」と指摘しているが、今回の調査では児童の要望で一時帰宅が開始されたのは56.5％であり、親の要望での一時帰宅開始は9割を超えていた。児童が幼児である場合や児童の意思が汲み取りにくい場合は、親の要望が優先されやすいことが考えられる。そのため、一時帰宅等についての児童の感情を施設職員が汲み取る必要がある。

　一時帰宅が実現したとしても、一時帰宅先で「一人で過ごすことが多い」といった内容がわずかにみられた。施設での集団生活が中心のため一人で過ごす時間はポジティブな要素もある。しかし、一時帰宅先に長時間一人で過ごすことはネグレクト（養育放棄）といえるため、場合によれば二次的、三次的な心的外傷体験となりうる。そのため、一時帰宅の基準をどのように定めるかが課題となる。この点は、児童本人の気持ちや発達的観点からも検討が必要である。

　一時帰宅なし／宿泊交流あり群では84.2％が児童養護施設の方針で宿泊交流が開始されていた。児童の要望は3割程度であった。宿泊交流は、家庭での生活体験が乏しい児童にとって家庭を知る貴重な機会となる。宿泊交流先での体験が豊かなものになることで、児童の心理的な支えになるだけでなく、児童が将来大人になり家庭をもつ際の家族モデルになると思われる。そのように考えると、宿泊交流は児童の家族イメージを形成する強い介入でもあるため、宿泊交流先でどのような体験が得られているか慎重に見極めながら宿泊交流を進める必要がある。

　他の児童が一時帰宅をする際にうらやましがる行動をとる児童は、一時帰宅なし／宿泊交流なし群では46.2％と他の群と比較して最も多かった。また、一時帰宅なし／宿泊交流あり群でも36.8％みられた。うらやましがる行動をとることは、施設職員に「気にかけてもらいたい」という欲求が生じていることも考えられる。一時帰宅あり群のうらやましがる行動は、他の群に比べて割合が少なかった。このことから、一時帰宅あり群の児童は一時帰宅を実施していることで心理的な満足感が得られ、他の児童の一

51

時帰宅に大きく動揺しないことが考えられる。しかし、他の児童の一時帰宅の様子をみることで実親に会いたい欲求や家族への感情が高まることも考えられる。施設生活では集団心性が働き、児童それぞれの家族再統合プロセスが互いの行動に影響を与えていることが考えられる。

一時帰宅なし／宿泊泊交流なし群の児童の中には「宿泊交流をさせたいが受け入れ先がない」といったことも指摘されていた。そのため、少しでも家庭での生活体験が得られるように、宿泊交流の制度の啓発を促進していくことも重要である。

(2) 一時帰宅等と問題行動との関連について

一時帰宅なし／宿泊交流あり群では一時帰宅なし／宿泊交流なし群と比べて集中困難・妨害行動得点が高い傾向がみられた。また、統計的な有意差は認められなかったが、一時帰宅あり群の得点が宿泊交流あり群と同様に集中困難・妨害行動得点が高い傾向がみられた。

施設内で児童が集中困難や妨害行動を起こす要因としてさまざまなことが考えられるが、宿泊交流を行うことで実親に対する感情が高まることが考えられる。また、家庭復帰への期待や不安が募り、心理的に不安定になる場合もある。宿泊交流の日程の急なキャンセル（表2-9）は、児童の集中困難行動を高めるであろう。宿泊交流先でどのような体験をしているかということが重要であり、宿泊交流先の家族の対人刺激の質（春日，1987b）が児童の行動に影響を及ぼすことが考えられる。一時帰宅先や宿泊交流先でのすべての現状を把握することには限界があるため、施設職員が児童と家族の関係調整を通して双方から丁寧に聞き取りを行うことが重要である。また、児童相談所や施設職員が家庭訪問を行い、定期的に家庭環境を確認するといった取り組みが求められる。

一時帰宅なし／宿泊交流なし群は児童が施設入所後も家族と交流をもてない状況が続いており、長期的なネグレクト（養育放棄）状態が継続しているとも捉えられる。そのため、児童には感情の極端な抑圧（奥山，1999）が起こっていることが考えられる。その場合、児童の抱えている問題が行動化として表面化されにくい可能性があるため、留意する必要がある。

統計的な有意差は確認されなかったが、一時帰宅あり群では一時帰宅なし／宿泊交流なし群と比べてECBI全項目得点が高い傾向がみられた。一時帰宅先で親からの不適切な関わりがみられる場合には、児童が攻撃的な親に同一化することで施設内にて問題を引き起こし、児童集団に影響を与えることも考えられる。そのため、児童の言動の背景にある要因や家族との関係に着目しながら、児童集団への影響を含めて児童への理解を深める必要がある。

なお、妨害行動は他人とのコミュニケーションを求めるがゆえに引き起こしている可能性もある。つまり、施設職員の自分への関心を引き出すために妨害行動を起こす場合などである。施設職員との関わりを誘発するという点では、児童の問題行動は施設職員による支援のきっかけとして捉えることも可能であろう。

(3) 一時帰宅等の肯定的側面と課題について
1) 一時帰宅あり群の肯定的側面と課題

一時帰宅あり群での一時帰宅の肯定的側面としては、児童の情緒が安定したケースや親の実情を理解するようになったケースなど、一時帰宅の肯定的側面の一部が挙げられた。特に、「親からの愛情を体感している」「施設内で親の話題が増えている」といった内容からは、一時帰宅先で親子の相互作用が深まっているとも考えられ、一時帰宅の実施が有効に機能していると思われる。一方、課題についてもいくつか示された。たとえば、親の精神疾患の悪影響や一時帰宅先の生活の不規則さ、母子依存関係などである。これらは、一時帰宅を終えて施設に戻った後の生活に影響するだけでなく、児童の人格形成や児童の家族イメージの形成に大きく影響すると思われる。

加藤曜子（2004）が一時帰宅のリスク要因として家庭環境の問題を挙げているように、一時帰宅を行う上であらゆるリスクを想定した支援が求められる。親からの不適切な関わりは児童の心的外傷体験となる場合があるため、一時帰宅先での親子の相互作用がどのような体験となっているか、児童への心理的影響を含めて検討する必要がある。

2) 一時帰宅なし／宿泊交流あり群の肯定的側面と課題

　一時帰宅なし／宿泊交流あり群では、宿泊交流の肯定的側面がいくつか挙げられた。「宿泊交流先の大人に安心して甘える」といった内容からは、家庭での生活体験を行うことを通して実親以外の家族との情緒的な相互作用が深まっていることが考えられる。また、これは宿泊交流を通して児童の愛着形成が可能であることを示している。「児童が宿泊交流先によく電話をしている」といった様子がみられるように、日常的に宿泊交流先とのつながりを再確認することで児童の心の支えになっていることがうかがえる。「社会的な経験や人間関係が豊かになる」といった内容からは、児童が施設を退所してからの人間関係の広がりにも影響を及ぼすことが予想される。

　宿泊交流の課題もいくつか示された。たとえば、「児童が実親に拒否的で一時帰宅ができない」といった内容が挙げられており、家族関係の修復の難しい児童が宿泊交流を行っている例がみられた。しかし、宿泊交流先の家族との良質な体験が繰り返されることで家族イメージが変容していくことが考えられる。また児童の心理的な成長とともに、徐々に実親を受け入れる準備を進めていくことも予想される。このように、宿泊交流での体験は家族再統合のプロセスに大きな影響を及ぼし、児童の心理的変化をもたらすことを示している。

　その他には「宿泊交流日がキャンセルになることが多い」「宿泊予定日がずれることが多い」といった内容が挙げられた。このような宿泊交流の実施の不確実さは児童の生活リズムを乱し、実親との別離を経験している児童にとって不安や孤独感をいっそう高める恐れがある。宿泊交流先によるキャンセルは児童の宿泊交流先との関係の不調が背景にあることも考えられるため、宿泊交流先の家族の心理的な変化にも着目する必要がある。

　「宿泊交流先で自己中心的な言動がある」といった宿泊交流先での問題行動も挙げられた。一時帰宅なし／宿泊交流あり群は集中困難・妨害行動得点が高い傾向がみられたことから、宿泊交流先の家族が児童の行動に振り回されることで宿泊交流が中断する事態も起こりうる。しかし、児童の自己中心的な言動は宿泊交流先の家族に気を使わないで関われるように

なっていることのあらわれであるとも想定される。そのため、児童の表面的な言動だけでなく、行動の背景にある児童の心理的変化を宿泊交流先の家族に示唆することが重要である。

3) 一時帰宅なし／宿泊交流なし群の肯定的側面と課題

一時帰宅なし／宿泊交流なし群では、「施設職員が個別での関わりを増やす」といった内容が示された。週末に一時帰宅や宿泊交流が行われないことで施設職員との時間が増え、児童と施設職員との信頼関係が深まりやすいことが考えられる。このような関わりは、児童が家族から距離をおいて生活の安定や心理的な安定を目指す支援といえよう。

一時帰宅が実施されない理由として両親と音信不通であることや母親が不法滞在で拘禁されているといった深刻な内容が挙げられていた。行方不明であった親が突然現れることや拘禁されていた親が出所することも想定されるため、親の状況の変化による児童への影響を検討する必要がある。これらと向き合うためにも、安定した生活基盤への修正が必要である。

宿泊交流なし群では他の児童の一時帰宅の際にうらやましがる行動をとる児童が多くみられたが、他の児童の家族再統合プロセスに直面することで児童自身の家族イメージを修正することにもなろう。このような直面化を通して家族イメージを形成することになるため、それ自体が児童の家族再統合プロセスとなりうる。施設職員が児童に対して施設に入所している現状をわかりやすく伝え、児童に先の見通しをもたせながらポジティブな家族イメージを形成する手助けをすることが求められる。

(4) 一時帰宅等による児童への心理的影響について

一時帰宅と問題行動の関連をより深く検討するためには、施設職員が一時帰宅をめぐる児童のさまざまな行動を観察し、児童の言語化されにくい感情を汲み取りながら対応することが重要である。そのような関わりを通して、児童が自分の感情を施設職員に徐々に語れるようになり、児童と施設職員の間で心理的な相互作用が深まるであろう。また、児童と施設職員の信頼関係が築かれることで、児童の対人関係パターンが変質し、親子の

関係性に変化をもたらすことが予測される。これらについては、特に研究5の考察で議論を深めたい。

　一時帰宅の実施は家族再統合プロセスに欠かせないことであるが、宿泊交流についても家庭での生活体験を通して家族のあり方を考える重要な機会となる。特に、宿泊交流先の家族とどのような心理的な相互作用がなされるかといった宿泊交流の体験の質が重要である。宿泊交流による肯定的側面や課題をより詳しく検討することで、里親制度のあり方の議論の深化にもつなげられるかと思われる。

　一時帰宅が実施できない児童の心理的影響としては他の児童の一時帰宅の際にうらやましがる行動として表現されていたが、自分自身の家族の問題に直面する機会が得られるという点では肯定的に捉えてよいと思われる。また、児童が「うらやましい」という感情を施設職員に語ることで、児童の感情を汲み取るきっかけにもなる。このような児童の気持ちを話し合う関わりは、ホスピタリズムを防ぐことにもつながる。

　また、一時帰宅なし／宿泊交流なし群は、他の群と比べてECBI全項目得点が低かった。問題行動が顕著に現れない要因として、一時帰宅や宿泊交流の実施がないことで週末に施設内で過ごすことが多いため、他の児童や施設職員との関係性が深まり、施設内での生活が安定しやすいことが影響していると思われる。また、児童の心理的な成長に伴って家族を客観的に捉えられるようになり、家族の問題を受け入れられるようになっていることも考えられる。家族の問題に直面することは、児童にさまざまな葛藤を生じやすくさせる。そこで、施設職員が児童の心理的変化を受けとめていくことが、家族再統合プロセスにおいて意義があると思われる。

　一時帰宅なし／実施なし群は一時帰宅を通して家族と関わることができず、家族の問題について深く考えることを拒絶し、児童の心理的な内面が抑圧されたまま退所してしまうことも考えられる。そこで、社会的自立後に直面する現実的な問題を扱いながら、児童の気持ちを汲み取る支援が家族再統合プロセスにおいて重要である。

Ⅱ　第2章のまとめ

　研究1では、児童養護施設における一時帰宅等の実態を明らかにし、家族再統合プロセスとしてのある時点の一時帰宅等の実施と児童の行動との関連について検討を行った。

　入所児童の約半数が一時帰宅を行っており、一時帰宅が実現しにくい児童に対しても、宿泊交流の機会を設定する配慮を行っている実態が明らかになった。一時帰宅の実施は児童と家族の心理的な相互作用を深め、家族再統合を進める上で有効であると思われる。しかし、一時帰宅先や宿泊交流先での体験の質によっては児童に悪影響を及ぼすこともあるため、児童の行動を通して心理的影響を検討する必要がある。

　一時帰宅等と児童の行動との関連としては、一時帰宅なし／宿泊交流あり群が一時帰宅なし／宿泊交流なし群と比べて集中困難・妨害行動得点が高い傾向がみられた。宿泊交流は家庭での生活体験の場が得られるだけでなく、宿泊交流先の家族との関係性を深める有意義な機会である。しかし、宿泊交流がキャンセルになることが多いといった要因も挙げられており、児童の行動に影響していることも考えられる。

　一時帰宅が実施されていても、一時帰宅の実施が困難な場合でも、児童が家族の問題に直面することでさまざまな葛藤が生起する。このような児童の心理的変化を施設職員が受けとめていくことが、家族再統合プロセスにおいて重要であることを考察した。

　ところで、基礎調査で対象となった児童は、その後どのような状況におかれるのだろうか。また、どのような行動をとり、どのような心理的特徴を示すのだろうか。次章では、研究1で対象となった同一児童の2年半後を追跡し、家族再統合プロセスの実情を明らかにしていく。

第 3 章

児童の行動と心理的変化

Ⅰ 【研究 2】基礎調査から 2 年半後の児童の行動と心理的変化に関する研究

Ⅱ 【研究 3】類型化からみた個別事例に関する研究

Ⅲ 第 3 章のまとめ

I 【研究2】基礎調査から2年半後の児童の行動と心理的変化に関する研究

1. はじめに

研究1では一時帰宅等の実態を把握し、一時帰宅等と児童の行動との関連について示した。研究1はある時点での児童の状況であり、児童のその後の経過を追った検討が必要である。

児童養護施設を生活基盤としながら、家族のもとへの一時帰宅を繰り返すことで家庭復帰となる。しかし、必ずしも順調に家庭復帰する事例だけではない。たとえば、退所後に再び児童養護施設に入所する事例が多いといった報告（高橋他, 1998）があるほか、問題が未解決のまま家庭復帰した事例（亀井, 2008）、退所後に親からの虐待で死亡した事件（厚生労働省, 2004）が報告されている。

このような現状をみると、家庭復帰（物理的な家族再統合）のみを推し進めることは、施設の再入所や虐待の再発といったリスクを高める。また、それらが児童の二次的、三次的な心的外傷体験につながる場合もあろう。

家庭復帰は必ずしも児童の意思が反映されるとは限らない。たとえば、親が家庭復帰を要望する事例（井出, 2004）が報告されており、研究1でも一時帰宅あり群の約9割（93.5%）は親の要望で一時帰宅を行っている実情が示された。また、中学3年生以上の65.6%は家庭復帰を希望していない（厚生労働省, 2015b）といった調査結果もみられる。児童の意思が適切に言語化できればよいが、行動化として表現される場合や児童が感情を極端に抑圧し他者の顔色をうかがっている場合もあるため、児童の発言のみではなく児童の行動変化に着目する必要がある。

そのため、一時帰宅の経過や退所状況に沿った児童の行動変化を含め、児童がどのような経過で引き続き施設に入所しているか、もしくは退所しているかを検討する必要がある。また、親子が親子であり続けられる関係の再構築や親子が互いを受け入れられるようになる（井戸, 2004）といった視点で、児童の心理的変化を追うことが重要となる。

2. 目 的

　研究2では、基礎調査から2年半後に家族再統合プロセスがどのように進んでいるか、一時帰宅と退所状況の類型化を通して全体的な状況を明らかにすることを目的とする。まず、2年半後も継続入所している児童については、一時帰宅の類型と児童の行動がどのように関連しているかを検討し、家族再統合プロセスの視点から一時帰宅の意義について考察する。つぎに、2年半の間に退所した児童については、退所の類型と児童の行動がどのように関連しているかを検討し、家族再統合がどの程度達成されたかという観点から考察する。そして、類型別に肯定的側面と課題を示した上で、家族再統合プロセスと児童の心理的変化との関連について考察する。

3. 対象と方法

(1) 対象

　調査対象は、研究1の基礎調査で対象となった施設Aの入所児童97人である。調査協力者は研究1と同じく児童の担当職員である。

(2) 調査方法

　2004年10月の基礎調査から2年半経った2007年4月12日に追跡調査を実施した。まず、児童が継続入所しているか、もしくは退所しているかについて調査した。その上で、継続入所児童用の調査票（「調査票A」）と退所児童用の調査票（「調査票B」）を担当職員に配付し、児童の状況について担当職員に記入を依頼した。

　調査票は児童1人につき1部配付した。各調査票は、調査者が担当職員に直接手渡し、1週間後に直接回収した。なお、調査票は研究1と同様、児童本人が記入するのではなく児童を担当する職員が児童について評価し、調査票へ記入するよう依頼した。

　調査票の内容については、属性、一時帰宅の実施状況、研究1で用いたECBI、一時帰宅に関する自由記述項目から構成した。「調査票A」と「調査票B」はほぼ同様の内容であるが、「調査票A」のECBIについては最近1年間（2006年4月～2007年3月）の施設内で観察された児童の行動に

ついて尋ねた。また、「調査票B」については文章を過去形にし、ECBI
については退所の1～2ヶ月前の児童の行動について評価するように指示
した。また、一時帰宅の効果と課題、退所後のアフターケアについて自由
回答欄で尋ねた。

（3）分析方法

1）2年半後の実態に関する分析

まず、措置の2年半後の児童のおかれた状況を継続入所児童と退所児童
に分類した（表3-1）。継続入所児童は2年半後の追跡調査時にも施設措置
を継続していることを指し、退所児童は追跡調査時にはすでに措置解除さ
れ、施設を退所していることを意味する。

継続入所児童については、一時帰宅の経過を捉えるために一時帰宅維持
群、一時帰宅中断群、一時帰宅開始群、一時帰宅なし群の4群に類型化し
た（表3-2）。

各群を説明すると、一時帰宅維持群は基礎調査時と追跡調査時のいずれ
も一時帰宅が行われている群である。一時帰宅中断群は、基礎調査時に一

表3-1　2年半後の分類

分類名	基礎調査時（2004年10月）	追跡調査時（2007年4月）
継続入所児童	入所中	
退所児童	入所中	退所

表3-2　継続入所児童の類型

分類名	基礎調査時（2004年10月）	追跡調査時（2007年4月）
一時帰宅維持群	一時帰宅あり	
一時帰宅中断群	一時帰宅あり	一時帰宅なし
一時帰宅開始群	一時帰宅なし	一時帰宅あり
一時帰宅なし群	一時帰宅なし	

第3章　児童の行動と心理的変化

表3-3　退所児童の類型

家庭復帰群
社会的自立群
里親・措置変更群

時帰宅が行われているが追跡調査時には一時帰宅が行われていない群である。一時帰宅開始群は、基礎調査時に一時帰宅が行われていないが追跡調査時には一時帰宅が行われている群である。一時帰宅なし群は、基礎調査時と追跡調査時のいずれも一時帰宅が行われていない群である。なお本研究では、児童と家族の関係性に着目するため、宿泊交流を踏まえた類型化は行っていない。

　退所児童については、家庭復帰群、社会的自立群、里親・措置変更群の3群に類型化した（表3-3）。家庭復帰群は退所後家族のもとで再び生活している群とした。社会的自立群は退所後に家庭復帰せず社会において自立した生活を送っている群とした。里親・措置変更群は退所後に里親へ委託されている場合や、他の児童福祉施設へ措置変更されている群とした。

　これらの類型化からみた児童の実情を捉えるため、類型別人数を示した。そして、2年半後の分類（継続入所児童、退所児童）と属性のクロス集計を行い、それらの関連性を調べるためχ^2検定を行った。属性としては、研究1で示した内容に加えて、きょうだいが同じ施設に入所しているかの有無と、知的発達の障害による生活への支障の有無について追加した。

　つぎに、基礎調査時に分類した3群（一時帰宅あり群、一時帰宅なし／宿泊交流あり群、一時帰宅なし／宿泊交流なし群）と類型との関連を検討するため、これらをクロス表で示した。

2）2年半後の分類と児童の行動に関する分析

　2年半後の分類（継続入所児童、退所児童）と児童の行動との関連として、分類により児童の行動に差がみられるかどうかを明らかにするため、ECBI全項目得点および各下位尺度得点について対応のないt検定を行った。

63

3) 継続入所児童に関する分析

継続入所児童の4類型（一時帰宅維持群、一時帰宅中断群、一時帰宅開始群、一時帰宅なし群）と属性についてクロス表で示した。属性では、入所時の年齢層として幼児、小学校就学前、小学校就学後のいずれであるかを捉えるため、2～3歳、4～6歳、7歳以上の3つに分類した。また、乳児院や他の児童福祉施設を含めた施設入所総年数を捉えるため、～3年、～6年、～10年、11年以上の4つの時期に分けて示した。

また、4類型とその他の属性を捉えるため、被虐待経験の有無、親の精神疾患の有無、過去の措置歴の有無（施設Aに入所する以前に他施設の措置があるか否か）、個別の心理的支援の有無（施設内での心理療法や児童相談所での心理的支援を受けているか否か）、家庭復帰の可能性の有無（基礎調査時）についてクロス表で示した。

継続入所児童の行動変化として、基礎調査時と追跡調査時のECBI得点に差があるかどうかを明らかにするため、ECBI全項目得点およびECBI下位尺度得点について対応のあるt検定を行った。そして、4類型の群内での行動変化を明らかにするため、ECBI全項目得点について対応のあるt検定を行った。

そして、調査票Aの自由記述欄で述べられた肯定的側面と課題に関する内容を類型別に分類し、肯定的側面と課題を分けて表に示した。

4) 退所児童に関する分析

退所児童の3類型（家庭復帰群、社会的自立群、里親・施設変更群）と属性についてクロス表で示した。属性としては、入所時の年齢に加えて、施設Aへの在所年数を～3年、～6年、～10年、11年以上の4つの時期に分けて示した。また、継続入所児童と同様に、3類型とその他の属性（被虐待経験、親の精神疾患、過去の措置歴、個別の心理的支援）についてもクロス表で示した。

退所児童の行動変化として、基礎調査時と追跡調査時のECBI得点に差があるかどうかを明らかにするため、ECBI全項目得点およびECBI下位尺度得点について対応のあるt検定を行った。そして、3類型の各群内で

第3章　児童の行動と心理的変化

の行動変化を明らかにするため、ECBI全項目得点について対応のあるt検定を行った。

　そして、調査票Bの自由記述欄で述べられた肯定的側面と課題に関する内容を類型別に分類し、肯定的側面と課題を分けて表に示した。また、退所後の実態を捉えるため、退所後の生活状況を類型別に示し、退所後の施設職員によるアフターケアの実際について全類型について示した。

4.　結　果

(1) 2年半後の実態

　2年半後の類型について表3-4に示した。継続入所児童（$n = 66$）が68.0%で約7割の児童がそのまま施設に残っている実態が明らかになった。一時帰宅維持群（$n = 21$）は21%、一時帰宅中断群（$n = 6$）は6.2%、一時帰宅開始群（$n = 16$）は16.5%、一時帰宅なし群（$n = 23$）は23.7%であった。

　退所児童（$n = 31$）は32.0%で、約3割の児童が施設を離れていた。退所児童の類型別では、家庭復帰群（$n = 16$）は16.5%で2割にも満たなかった。社会的自立群は12.4%（$n = 12$）、里親・措置変更群（$n = 3$）は3.1%であった。

　2年半後の分類と属性のクロス集計を行った結果について、表3-5に示した。主な結果としては、被虐待経験のある児童は継続入所児童よりも退

表3-4　2年半後の類型

		$n = 97$人（%）
継続入所児童	66（68.0）	
一時帰宅維持群		21（21.6）
一時帰宅中断群		6（6.2）
一時帰宅開始群		16（16.5）
一時帰宅なし群		23（23.7）
退所児童	31（32.0）	
家庭復帰群		16（16.5）
社会的自立群		12（12.4）
里親・措置変更群		3（3.1）

65

表 3-5　2年半後の分類と属性

$n = 97$ 人（縦 %）

	継続入所児童 ($n = 66$)	退所児童 ($n = 31$)	合計 ($n = 97$)	χ^2 値
性別				
男	36　(54.5)	20　(64.5)	56　(57.7)	0.85
女	30　(45.5)	11　(35.5)	41　(42.3)	
年齢層（追跡調査時）				
3 ～ 6 歳	11　(16.7)	3　(9.7)	14　(14.4)	4.69 †
7 ～ 12 歳	32　(48.5)	10　(32.3)	42　(43.3)	
13 ～ 18 歳	23　(34.8)	18　(58.1)	41　(42.3)	
きょうだいの入所有無				
きょうだいが施設Aに入所中	30　(45.5)	16　(51.6)	46　(47.4)	0.32
きょうだいの入所なし	36　(54.5)	15　(48.4)	51　(52.6)	
被虐待経験の有無				
被虐待あり	26　(40.0)	21　(67.7)	47　(48.4)	6.46*
被虐待なし	39　(60.0)	10　(32.3)	49　(50.5)	
過去の措置歴				
措置歴あり	40　(60.6)	14　(45.2)	54　(55.7)	2.04
措置歴なし	26　(39.4)	17　(54.8)	43　(44.3)	
知的発達の障害による生活の支障				
支障あり	36　(54.5)	10　(32.3)	46　(47.4)	4.20*
支障なし	30　(45.5)	21　(67.7)	51　(52.6)	
家庭復帰の可能性（基礎調査時）				
可能性あり	31　(47.0)	18　(58.1)	49　(50.5)	1.04
可能性なし	35　(53.0)	13　(41.9)	48　(49.5)	

† $p<.10$　*$p<.05$

所児童のほうが有意に多かった（χ^2 (1) = 6.46, $p<.05$）。また、知的発達の障害により生活に支障のある児童は、退所児童よりも継続入所児童のほうが有意に多かった（χ^2 (1) = 4.20, $p<.05$）。基礎調査時の家庭復帰の可能性については、有意差があるほどは影響していなかった。

　きょうだいが施設Aに入所しているか否かについては、継続入所児童の45.5% はきょうだいが入所中であり、退所児童の51.6% が入所中であることがわかった。全体でも47.4% はきょうだいが入所中であり、きょうだいでの入所の割合が高いことが明らかになった。

第 3 章　児童の行動と心理的変化

表 3-6　基礎調査時の一時帰宅等の分類と 2 年半後の分類

n = 97 人（縦％）

基礎調査時	継続入所児童 (n = 66)	退所児童 (n = 31)		
		家庭復帰群 (n = 16)	社会的自立群 (n = 12)	里親・措置変更群 (n = 3)
一時帰宅あり群（n = 46）	29　(43.9)	11　(68.7)	4　(33.3)	2　(66.7)
一時帰宅なし／宿泊交流あり群（n = 38）	29　(43.9)	4　(25.0)	4　(33.3)	1　(33.3)
一時帰宅なし／宿泊交流なし群（n = 13）	8　(12.1)	1　(6.3)	4　(33.3)	0　(0.0)

表 3-7　2 年半後の分類と ECBI 得点

n = 97 人（縦％）

追跡調査時	平均得点（SD）		t 値
	継続入所児童（n = 66）	退所児童（n = 31）	
ECBI 全項目	117.0　(33.0)	106.1　(36.6)	1.47
集中困難・妨害行動	28.0　(8.6)	24.9　(9.3)	1.63
反抗行動	40.7　(13.3)	35.5　(14.2)	1.77 †
食事・就寝阻害行動	20.5　(6.2)	18.1　(7.7)	1.65

† p<.10

　つぎに、基礎調査時の一時帰宅等の分類と 2 年半後の分類について表 3-6 に示した。家庭復帰群の 68.7％が基礎調査時に一時帰宅を行っていることが明らかになった。また、社会的自立群の約 7 割は基礎調査時に一時帰宅を行っていなかった。

　里親・措置変更群（n = 3）では、基礎調査時に一時帰宅を行っていたにもかかわらず里親・措置変更となった児童が 2 人みられた。

(2) 2 年半後の分類と児童の行動

　2 年半後の分類と児童の行動との関連について分析結果を表 3-7 に示した。その結果、継続入所児童が退所児童に比べて反抗行動得点がやや高い傾向がみられた（t (95) = 1.77, p<.10）。また、統計的な有意差は確認されなかったが、継続入所児童は退所児童よりも ECBI 全項目得点が高い傾向がみられた。

表 3-8　継続入所児童の類型と入所時の年齢および在所年数

$n = 66$ 人（縦%）

	一時帰宅維持群 ($n = 21$)	一時帰宅中断群 ($n = 6$)	一時帰宅開始群 ($n = 16$)	一時帰宅なし群 ($n = 23$)	合計
性別					
男	13 (61.9)	2 (33.3)	8 (50.0)	13 (56.5)	36 (54.5)
女	8 (38.1)	4 (66.7)	8 (50.0)	10 (45.5)	30 (45.5)
入所時の年齢					
2 ～ 3 歳	11 (52.4)	5 (83.3)	6 (37.5)	10 (43.5)	32 (48.5)
4 ～ 6 歳	6 (28.6)	0 (0.0)	4 (25.0)	6 (26.1)	16 (24.2)
7 歳以上	4 (19.0)	1 (16.7)	6 (37.5)	7 (30.4)	18 (27.3)
施設入所総年数					
～ 3 年	2 (9.5)	1 (16.7)	7 (43.8)	4 (17.4)	14 (21.2)
～ 6 年	2 (9.5)	2 (33.3)	6 (37.5)	7 (30.4)	17 (25.8)
～ 10 年	10 (47.6)	1 (16.7)	0 (0.0)	2 (8.7)	13 (19.7)
11 年以上	4 (19.0)	0 (0.0)	3 (18.8)	9 (39.1)	16 (24.2)
不明	3 (14.3)	2 (33.3)	0 (0.0)	1 (4.3)	6 (9.0)

（3）継続入所児童の特徴

1）継続入所児童の類型と属性

　継続入所児童の類型と入所時の年齢および在所年数について表 3-8 に示した。各類型の人数は、一時帰宅維持群が 21 人、一時帰宅中断群が 6 人、一時帰宅開始群が 16 人、一時帰宅なし群が 23 人であった。継続入所児童のうち、一時帰宅が実施されている児童の割合が全体の約半数みられた。

　性別では、一時帰宅維持群は男子が 61.9% みられ、一時帰宅中断群は女子が 66.7% を占めていた。入所時の年齢では全体の約半数が 2 ～ 3 歳で入所しており、特に一時帰宅中断群の 83.3% が 2 ～ 3 歳で入所していた。施設入所総年数では全体的にばらつきがあり、一時帰宅維持群の約半数が 7 年から 10 年の在所期間であった。また、一時帰宅なし群では 11 年以上入所している児童が 39.1% 存在した。一時帰宅が維持されていても、一時帰宅が行われていなくても施設生活が長期化する児童の存在が確認された。

　継続入所児童の類型と被虐待経験等のクロス集計結果を表 3-9 に示した。一時帰宅開始群では 60% が施設入所前に被虐待の経験があった。親の精

第3章 児童の行動と心理的変化

表 3-9 継続入所児童の類型と被虐待経験等

$n = 66$ 人 （縦%）

	一時帰宅 維持群 ($n = 21$)	一時帰宅 中断群 ($n = 6$)	一時帰宅 開始群 ($n = 16$)	一時帰宅 なし群 ($n = 23$)	合計
被虐待経験					
被虐待あり	5 （23.8）	2 （33.3）	9 （60.0）	10 （43.5）	26 （40.0）
被虐待なし	16 （76.2）	4 （66.7）	6 （40.0）	13 （56.5）	39 （60.0）
親の精神疾患					
疾患あり	16 （76.2）	3 （50.0）	2 （12.5）	2 （8.7）	23 （34.8）
疾患なし	5 （23.8）	3 （50.0）	14 （87.5）	21 （91.3）	43 （65.2）
過去の措置歴					
措置あり	15 （71.4）	4 （66.7）	7 （43.8）	14 （60.9）	40 （60.6）
措置なし	6 （28.6）	2 （33.3）	9 （56.3）	9 （39.1）	26 （39.4）
個別の心理的支援（施設内での心理療法など）					
支援あり	9 （42.9）	4 （66.7）	3 （18.8）	13 （56.5）	29 （43.9）
支援なし	12 （57.1）	2 （33.3）	13 （81.3）	10 （43.5）	37 （56.1）
家庭復帰の可能性（基礎調査時）					
可能性あり	13 （61.9）	5 （83.3）	8 （50.0）	5 （21.7）	31 （47.0）
可能性なし	8 （38.1）	1 （16.7）	8 （50.0）	18 （78.3）	35 （53.0）

神疾患では、一時帰宅維持群において疾患ありが76.2%と大きな割合を占めていた。

　過去の措置歴は一時帰宅維持群にて約7割にみられた。個別の心理的支援では、一時帰宅中断群の66.7%、一時帰宅なし群の56.5%が心理的支援を受けている一方、一時帰宅開始群では18.8%とわずかであった。家庭復帰の可能性では、一時帰宅なし群の78.3%は可能性がなかった。また、一時帰宅維持群の38.1%、一時帰宅開始群の半数が家庭復帰の可能性はないと施設職員により判断されていた。

2）継続入所児童における行動変化

　継続入所児童におけるECBI得点の変化について、表3-10に示した。基礎調査時と追跡調査時の児童の行動の得点に差がみられるかを明らかにするため、ECBI全項目得点およびECBI下位尺度得点について対応のあ

69

表 3-10　継続入所児童における ECBI 得点の変化

$n = 66$

追跡調査時	平均得点（SD）		t値
	基礎調査	追跡調査	
ECBI全項目	115.5 (34.7)	117.0 (33.0)	0.30
集中困難・妨害行動	28.6 (9.7)	28.0 (8.6)	0.39
反抗行動	35.2 (12.5)	40.7 (13.2)	2.93*
食事・就寝阻害行動	20.7 (7.0)	20.5 (6.2)	0.27

*$p<.01$

表 3-11　継続入所児童の類型における ECBI 得点の変化

$n = 66$

追跡調査時	平均得点（SD）		t値
	基礎調査	追跡調査	
一時帰宅維持群（$n = 21$）	114.8 (28.7)	118.6 (32.9)	0.43
一時帰宅中断群（$n = 6$）	107.7 (29.1)	133.3 (30.1)	2.11 †
一時帰宅開始群（$n = 16$）	117.9 (38.9)	108.4 (29.2)	0.79
一時帰宅なし群（$n = 23$）	116.6 (39.6)	117.2 (36.4)	0.09

† $p<.01$

る t 検定を行った。その結果、反抗行動得点において有意な増加がみられた（$t (65) = 2.93, p<.01$）。

　継続入所児童の類型と行動変化に関する分析結果を表 3-11 に示した。類型別により児童の行動に差がみられるかを明らかにするため、ECBI 全項目得点について対応のある t 検定を行った。その結果、有意差はないが一時帰宅中断群の追跡調査時の得点が基礎調査時に比べて高い傾向がみられた（$t (5) = 2.11, p<.10$）。

3）継続入所児童の肯定的側面と課題

　継続入所児童の肯定的側面について、類型別に表 3-12 に示した。一時帰宅維持群では、「一時帰宅を繰り返すことで施設生活が安定してきた」「母親の病状をみて、自分が支えなくてはという想いを強めるようになった」といった内容が示された。一時帰宅中断群では、「宿泊交流を行っている」が 6 人中 4 人みられた。一時帰宅開始群では、「母親が児童の家庭

第3章　児童の行動と心理的変化

表3-12　継続入所児童の主な肯定的側面（類型別）

類型	肯定的側面
一時帰宅維持群	一時帰宅を繰り返すことで施設生活が安定してきた
	母親の病状をみて、自分が支えなくてはという想いを強めるようになった
	親への想いを語れるようになった
	家族を慕う気持ちが育ってきた
	一時帰宅を通して、自分のおかれた状況が把握できるようになった
一時帰宅中断群	宿泊交流を行っている（4）
一時帰宅開始群	母親が児童の家庭復帰を強く望むようになった（3）
	親が児童に関心を示すようになった（2）
	児童が自分の生い立ちの再確認を自らしており、成長している
	次回の日程を決めることで親との別れがスムーズになった
	児童の課題について話し合おうという姿勢が親にみられるようになった
一時帰宅なし群	なし

※カッコ内は重複した記載内容数

表3-13　継続入所児童の主な課題（類型別）

類型	課題
一時帰宅維持群	一時帰宅先ではゲームや漫画を読むなど一人遊びが多い（3）
	一時帰宅を行うことで生活習慣が乱れる（2）
	親が過度に児童を甘やかす（2）
	一時帰宅先での状況がわからない（2）
	親の反応から真意を読み取るのが難しい
一時帰宅中断群	親が行方不明である（4）
	親が拘禁中である（2）
	親が施設や児童相談所に対し、拒否的な態度である
	母親が精神疾患で対応が難しい
	親と連絡がとれない
一時帰宅開始群	一時帰宅先では一人で過ごすことがある（2）
	一時帰宅後に体調を崩すことが多い（2）
	母親が再婚したため、継父との関係づくりが課題である（2）
	親が精神疾患で対応が難しい（2）
	児童が親に電話をしても出てくれず、気分が落ち込む
一時帰宅なし群	親が施設側との約束を守らない（5）
	親と連絡がつかない（4）
	親が行方不明である（3）
	親による児童への虐待が再発する恐れがある（2）
	父親が飲酒して施設に来所する

※カッコ内は重複した記載内容数

復帰を強く望むようになった」「親が児童に関心を示すようになった」など、家族の心理的変化が多く示された。一方、「児童が自分の生い立ちの再確認を自らしており、成長している」などの児童の心理的変化も示された。

　継続入所児童の課題について、類型別に表3-13に示した。一時帰宅維持群では、「一時帰宅先ではゲームや漫画を読むなど一人遊びが多い」「一時帰宅を行うことで生活習慣が乱れる」といった課題が挙げられた。一時帰宅中断群は、「親が行方不明である」「親が拘禁中である」といった実情が示された。一時帰宅開始群では、「一時帰宅先では一人で過ごすことがある」「一時帰宅後に体調を崩すことが多い」といった心配される内容が挙げられた。一時帰宅なし群では、「親が施設側との約束を守らない」「親と連絡がつかない」「親が行方不明である」といった対応の難しい内容が示された。

(4) 退所児童の特徴

1) 退所児童の類型と属性

　退所児童の類型と属性について表3-14に示した。性別では、家庭復帰群の男子が68.8％と女子よりも多い傾向がみられた。入所時の年齢では、7歳以上での入所をみると、家庭復帰群の児童が56.3％、社会的自立群の児童が58.8％となっているが、入所時の年齢を就学前と就学後でみると大きな偏りはみられなかった。施設入所総年数では、家庭復帰群の56.3％は3年未満であり、短期間で退所する傾向が示唆された。社会的自立群の半数は11年以上であり、施設での長期の生活を経て退所している実情が明らかになった。

　退所児童（$n = 31$）の属性について表3-15に示した。社会的自立群の75％は被虐待経験があり、家庭復帰群では56.3％、里親・措置変更群ではすべてが被虐待児であった。過去の措置歴では社会的自立群の66.7％、里親・措置変更群のすべてに措置歴がみられたが、家庭復帰群では80％以上に措置歴のないことが明らかになった。個別の心理的支援としては、社会的自立群の66.7％が心理的支援を受けていたが、家庭復帰群では心理的

第 3 章　児童の行動と心理的変化

表 3-14　退所児童の類型と性別および入所年齢、在所年数

$n = 31$ 人（縦%）

		家庭復帰群 （$n = 16$）	社会的自立群 （$n = 12$）	里親・措置変更 群（$n = 3$）	合計
性別					
	男	11（68.8）	7（58.3）	2（66.7）	20（64.5）
	女	5（31.3）	5（41.7）	1（33.3）	11（35.5）
入所時の年齢					
	2〜3 歳	4（25.0）	1（8.3）	2（66.7）	7（22.6）
	4〜6 歳	3（18.8）	4（33.3）	0（0.0）	7（22.6）
	7 歳以上	9（56.3）	7（58.3）	1（33.3）	17（54.8）
在所年数					
	〜3 年	9（56.3）	0（0.0）	0（0.0）	9（29.0）
	〜6 年	2（12.5）	3（25.0）	2（66.7）	7（22.6）
	〜10 年	3（18.8）	3（25.0）	0（0.0）	6（19.4）
	11 年以上	0（0.0）	6（50.0）	1（33.3）	7（22.6）
	不明	2（12.5）	0（0.0）	0（0.0）	2（6.5）

表 3-15　退所児童の類型と属性

$n = 31$ 人（縦%）

		家庭復帰群 （$n = 16$）	社会的自立群 （$n = 12$）	里親・措置変更 群（$n = 3$）	合計
被虐待経験					
	被虐待あり	9（56.3）	9（75.0）	3（100.0）	21（67.7）
	被虐待なし	7（43.8）	3（25.0）	0（0.0）	10（32.3）
親の精神疾患					
	疾患あり	5（31.3）	4（33.3）	0（0.0）	9（29.0）
	疾患なし	11（68.8）	8（66.7）	3（100.0）	22（71.0）
過去の措置歴					
	措置あり	3（18.8）	8（66.7）	3（100.0）	14（45.2）
	措置なし	13（81.3）	4（33.3）	0（0.0）	17（54.8）
個別の心理的支援（施設内での心理療法など）					
	支援あり	3（18.8）	8（66.7）	1（33.3）	12（38.7）
	支援なし	13（81.3）	4（33.3）	2（66.7）	19（61.3）

表3-16 退所児童におけるECBI得点の変化

n = 66

追跡調査時	平均得点 (SD)		t値
	基礎調査	追跡調査	
ECBI全項目得点	107.3 (37.2)	106.1 (36.6)	0.15
集中困難・妨害行動	26.8 (10.9)	24.9 (9.3)	0.97
反抗行動	35.0 (14.3)	35.5 (14.2)	0.17
食事・就寝阻害行動	18.7 (8.1)	18.1 (7.7)	0.40

いずれも *n.s.*

表3-17 退所児童の類型におけるECBI得点の変化

n = 66

追跡調査時	平均得点 (SD)		t値
	基礎調査	追跡調査	
家庭復帰群 (*n* = 16)	104.3 (36.8)	100.9 (32.2)	0.32
社会的自立群 (*n* = 12)	102.3 (37.3)	110.1 (46.4)	0.59
里親・措置変更群 (*n* = 3)	143.0 (29.1)	117.7 (5.8)	1.80

いずれも *n.s.*

支援を受けていた児童が18.8%とわずかであった。

2）退所児童における行動変化

　退所児童におけるECBI得点の変化について、表3-16に示した。

　基礎調査時と追跡調査時の児童の行動の得点に差がみられるかを明らかにするため、ECBI全項目得点およびECBI下位尺度得点について対応のあるt検定を行った。その結果、有意な差はみられなかった。

　退所児童の類型とECBI全項目得点について表3-17に示した。その結果、統計的に有意な差は認められなかったものの、社会的自立群は追跡調査時には得点が高まる傾向がみられ、家庭復帰群ではわずかに得点が低くなっていた。

3）退所児童の肯定的側面と課題

　退所児童の主な肯定的側面について表3-18に示した。家庭復帰群では

第3章　児童の行動と心理的変化

表3-18　退所児童の主な肯定的側面（類型別）

類型	肯定的側面
家庭復帰群	定期的な一時帰宅を積み重ねたことで親子関係が深まった（2） 施設職員が母親の気持ちを受けとめ続けたことで親和的になった 地域の支援機関を紹介したことで父親が積極的になった 親戚の協力が得られた
社会的自立群	関係機関で協議が重ねられた 精神的不安定な母親を施設職員や児童相談所が支え、徐々に安定した
里親・措置変更群	親に対し児童の様子を丁寧に伝えることで施設への不信感がなくなった

※カッコ内は重複した記載内容数

表3-19　退所児童の主な課題（類型別）

類型	課題
家庭復帰群	親と児童双方の意志が強いことで家庭復帰前提の対応になってしまった 入所時から親の立場が優先された対応にならざるを得なかった 児童の自己中心的な態度が改善されなかった 関係機関との連携が課題であった
社会的自立群	児童の感情のコントロールが改善されなかった 児童が就職した先での人間関係の悩みまで対応できなかった 親の養育力が改善されなかった
里親・措置変更群	親の経済面も含めた社会的フォローが必要であった

定期的な一時帰宅を積み重ねたことによる肯定的側面や、「施設職員が親の気持ちを受けとめ続けたことで親和的になった」といった関係調整による肯定的側面が示された。社会的自立群では関係機関との協議が重ねられたことが示された。児童が社会的自立するまで施設職員や児童相談所が親を支え続けたことで、親が徐々に安定する内容も挙げられた。里親・措置変更群では、親の施設への不信感をなくす関わりや、親の経済面を含めたフォローアップの必要性が指摘された。

　退所児童の主な課題について表3-19に示した。家庭復帰群では、家庭復帰が対応の前提になりがちといった実情や、親の立場が優先された対応にならざるを得ないといった課題も示唆された。また、関係機関との連携も課題として挙げられた。社会的自立群では、児童の感情のコントロールが改善されなかったことや、児童の就職先の人間関係の悩みまで対応でき

なかったことが示され、社会的自立群への支援の課題が残された。里親・措置変更群では、親の経済面も含めた社会的フォローの必要性が挙げられており、児童福祉におけるケアだけでなく現代社会全体としての課題が示唆された。

4) 退所後の実態について

退所後の実態として、まず生活状況について表 3-20 に示した。家庭復帰群では、ショートステイ事業の利用、学童の利用というような地域の支援を受けている内容が挙げられた。中には高校卒業、就職まで経過が追跡された内容もあった。いっぽう、家庭復帰したとしても、再び一時保護される、着信拒否される、学校不適応である、親と食事を摂ることがなくコンビニ弁当を一人で食べているといった課題が残るような内容が示された。家庭復帰後もネグレクトで児童相談所がフォローしている内容もみられた。

表 3-20　退所後の生活状況（類型別）

類型	生活状況の内容
家庭復帰群	年に数回、子育て疲れでショートステイ事業を利用している
	児童のわがままに振り回されつつ地域での生活を継続している
	児童は学童に通いながら順調に家庭生活が送れている
	家庭復帰後、高校を卒業し就職を機に会社の寮で自立している
	退所して 1 年後に一時保護される
	施設職員が連絡をとろうとするが電話を着信拒否される
	学校不適応である
	親と食事を摂ることがなくコンビニ弁当を一人で食べている
	ネグレクト、不登校、盗みなどで児童相談所がフォローしている
	最終的に進路選択がどうなったか把握できていない
社会的自立群	比較的安定している
	母親とは時々連絡をとり面会している様子である
	予想以上に努力して仕事に励んでおり、職場からも評価される
	異性と同棲している
	就職先では遅刻等で 1 年経たずに退職し、実家に転居している
	仕事が長続きせず、家賃も払えず
里親・措置変更群	里親の家庭にとけこんでいる
	退所後母親が死亡したが安定した施設生活を送っている
	措置変更後も問題行動が治まらず面会が延期になっている

76

第３章　児童の行動と心理的変化

表3-21　退所後の施設職員によるアフターケア

アフターケアの内容
電話連絡
施設行事への招待
家庭訪問
転校先の学校訪問
小学校の運動会への参加
中学校の卒業式への出席
児童の誕生日を祝う
遠方のため手紙でのやりとり
成人式の際の着物の着付け
就職先でトラブルを起こしたことによる会社訪問
関係機関との連絡

社会的自立群をみると、安定している状況や、母親との交流や職場適応の良好な様子が報告されたが、職場に不適応で長続きせず離職してしまう、家賃が払えないといった課題が明らかになった。里親・措置変更群では児童が里親の家庭にとけこんでいるといった内容や、措置変更後も問題行動が治まらないといった内容が挙げられた。

　退所後の施設職員によるアフターケアについて表3-21に示した。電話連絡、施設行事への招待、家庭訪問、学校訪問、会社訪問などの手段が挙げられた。

5. 考　察

(1) 2年半後の分類と属性について

　まず、継続入所児童（$n = 66$）と退所児童（$n = 31$）の2群に分類したことで、基礎調査から2年半後の児童の実情が示された。継続入所児童は全体の68%と、3分の2以上が入所を継続していた。一時帰宅の経過としては、一時帰宅が中断した児童や一時帰宅が開始された児童が存在し、一時帰宅の状況に変化がみられる児童が示された。また、全体の32%が退所していたが、家庭復帰した児童は全体の16.5%に満たなかった。社会的自立した児童の他に、里親や他の児童福祉施設に措置された児童も確認された。

77

1）継続入所児童の類型と属性

　一時帰宅維持群の77.8%は施設入所総年数が7年以上であり、施設生活が長期化している傾向がみられた。一時帰宅維持群の71.4%が過去の措置歴がみられたが、これは乳児院からの措置変更が考えられる。一時帰宅維持群では被虐待経験のない児童が76.2%を占めていることから、再虐待のリスクがないことが一時帰宅を維持できる一因になっていると思われる。しかし、精神疾患を抱える親は76.2%と高い割合を示しており、一時帰宅を行うことで親の病理による児童への心理的影響が懸念される。

　一時帰宅中断群では多くが2～3歳で入所しており、低年齢での入所が目立っている。一時帰宅中断群の66.7%は被虐待経験があったことから、被虐待経験が一時帰宅の中断と関連していることが考えられる。また、66.7%は過去の措置歴があるため、乳児院から措置変更されてきた児童が多いことが推測される。一時帰宅中断群の親は長期間施設に預けていることで児童への関心が低く、親としての自覚が不十分であることが考えられ、親子の愛着形成の乏しさも一時帰宅の中断を招く要因になっていると思われる。この群では個別の心理的支援を受けている児童が66.7%にみられ、他の群に比べて割合が最も高かった。基礎調査時の家庭復帰の可能性は83.3%と高い割合を示していたことから、家庭復帰が困難になったことで児童に大きな心理的変化が生じ、心理的支援の必要性が高まったことが推測される。

　一時帰宅開始群では精神疾患を抱えていない親の割合が87.5%と目立っており、施設入所総年数が比較的浅い（6年未満が約8割）ことが特徴的である。よって、親の精神疾患の問題のなさは一時帰宅を開始しやすい要因になっていることも考えられる。

　一時帰宅なし群の40.9%は11年以上も施設に在所していた。一時帰宅なし群では91.3%が親の精神疾患がみられなかったが、被虐待経験のある割合が56.5%と半数を超えていた。78.3%の児童は家庭復帰の可能性がないことから、一時帰宅を実施しない要因として虐待による影響が少なからずあると思われ、児童の中には家庭復帰を望まず社会的自立を目指していることも考えられる。

第3章 児童の行動と心理的変化

2) 退所児童の類型と属性

　退所児童の特徴としては、13～18歳の児童が半数以上であり、児童の年齢が退所に影響していると思われる。退所児童では被虐待経験のある児童が67.7%を占めていたが、退所児童の類型別にみてみると社会的自立群の75%が被虐待児であった。社会的自立群の児童は施設に入所する前に被虐待経験があることで、家庭が安定したとしても家庭復帰を拒否し、社会的自立を選択することが考えられる。また、家庭復帰群では過去の措置歴のない児童が81.3%であったが、社会的自立群の66.7%、里親・措置変更群の全員に過去の措置歴がみられた。このことから、児童養護施設に入所する以前の被虐待経験や過去の措置は、家庭復帰を難しくさせる一因であることが考えられる。

　退所児童の67.7%は、知的発達の障害による生活の支障のない児童であった。児童が知的障害の問題を抱えている場合は、親が家庭での対応に苦慮するため、知的障害の程度によっては家庭復帰が進まない可能性が考えられる。また、一時帰宅中断群や一時帰宅なし群、社会的自立群は個別の心理的支援を行っている児童が半数以上みられたことから、一時帰宅を行っていない児童や家庭復帰の可能性のない児童は、個別の心理的支援が必要と考えられる。

　きょうだいも一緒に入所している割合が全体の約半数を占めており、再統合プロセスにおいてきょうだいがともに不安定になることや、きょうだい葛藤から生じる心理的な内容も考察する必要があろう。なお、きょうだいに関しては研究3の個別事例の提示を通して再度触れたい。

(2) 2年半後の児童の行動および心理的変化について

　2年半後の児童の全体的な特徴として、継続入所児童は退所児童に比べて反抗行動得点がわずかに高い傾向がみられた。退所児童は退所の見通しが立ったことで心理的に安定し、施設内での行動が落ち着くことが考えられる。一方、継続入所児童は退所していく児童を見送る機会が増えることで、将来への不安が高まるといった心理的変化が児童の行動に少なからず影響を与えていると思われる。以下に、継続入所児童と退所児童の行動変

化の特徴を分けて述べ、心理的変化について考察する。

1）継続入所児童の行動および心理的変化の検討

　継続入所児童の全体的な特徴としては、ECBI得点の変化をみると追跡調査時の反抗行動得点が基礎調査時と比べて有意に高かった。入所が長期化することで家庭復帰への不安が募り、親に対するさまざまな葛藤が生じるといった心理的変化が反抗的な行動を引き起こすことも考えられる。しかし、反抗行動は他者と関わろうとする欲求が不適切な形で表面化しているとも受け取れるため、肯定的側面を施設職員が理解し関わることが重要である。児童の反抗行動に施設職員が振り回されている（国分, 2005）場合は、施設職員の児童へのネガティブな感情が高まることが考えられる。そこで、施設職員の感情にも着目することが重要である。なお、この点については研究5の考察で議論を深めたい。

　一時帰宅維持群では、ECBI得点には大きな変動はみられなかったが、わずかに得点が高まっていた。一時帰宅を繰り返すことで施設生活が安定したという内容が示されているが、一時帰宅を行うことで生活習慣が乱れるといった課題もいくつか挙げられているため、一時帰宅先での体験の質により児童の行動が変動することが考えられる。

　児童が一時帰宅を通して親の現状を受け入れ、「母親の病状をみて自分が親を支えなくては」（表3-12）といった親への意識が高まるような心理的変化が示された。家庭復帰が難しい現状があったとしても親の生活の現実に直面することで児童が心理的に成長し、親を受け入れられるようになることも家族再統合にとって重要なプロセスである。しかし、親の事情を受け入れる傾向が極端になると、親をケアしようとする役割逆転が生じる（奥山, 2006）ことにもつながりかねない。また、児童が心理的に成長することで児童の変化に対して親が戸惑うこともありうる。家族再統合プロセスを捉える際には、児童と親の相互作用の質の変化が児童と家族の双方の心理にいかに影響をもたらすかといったことに着目していく必要がある。

　一時帰宅中断群では、追跡調査得点が基礎調査得点に比べてわずかに高い傾向がみられた。一時帰宅中断群の中断理由としては、親の拘禁や行方

第3章　児童の行動と心理的変化

不明、親と連絡がとれないなどの理由が挙げられており、家庭復帰の期待が薄れたことへの絶望感や怒りが行動に現れていることが考えられる。特に、親の行方不明や親と連絡がとれない状況は、親から見捨てられたという気持ちを生じやすくさせるであろう。また、一時帰宅の中断は親に対するネガティブな感情を高めるといった心理的変化が起こりやすいため、一時帰宅の経過に沿った児童の心理プロセスに配慮する必要がある。一時帰宅中断群の7割近くが個別での心理的支援を受けていたことから、家族再統合が困難になった児童の心理面を心理職が支えているといえる。

　一時帰宅開始群では、統計的な有意差は確認されなかったものの追跡調査時のECBI全項目得点が基礎調査時よりも9点減少していた。一時帰宅が開始されたことで親との物理的な距離感が近くなり、一時帰宅を通して児童が心理的に満たされ、家庭復帰の期待が高まることなどが得点の減少に影響していることも考えられる。

　一時帰宅開始群では母親の再婚により一時帰宅が開始され、継父との関係づくりが課題として示された事例があった（表3-13）。一時帰宅が新たな家族関係を築く場となる一方、児童には新たな父親と接することへの戸惑いや、「母親をとられた」といった複雑な心理的変化を生じさせることも推測される。しかし、継父が母親を支えることで母親が安定することもあるため、このような事例にあっても一時帰宅は新たな家族との統合の機会となろう。

　一時帰宅中断群と同様、一時帰宅開始群でも「親が精神疾患で対応が難しい」ことが指摘された。精神疾患を抱える親の場合は一時帰宅先で不適切な関わりが懸念されるため、親の状況を見極めながら一時帰宅を進めていく必要がある。しかし、実際には「一時帰宅中の状況がわからない」といった課題が挙げられているように、児童と親の相互作用が確認できないことが多い。施設に入所している児童は親の態度に非常に敏感であるため（奥山, 2005）、施設職員が一時帰宅先から戻ってきた児童の不安定な言動を観察し、児童の行動変化に着目する必要がある。

　一時帰宅なし群ではECBI得点に大きな変化はみられなかった。一時帰宅による刺激がないことで心理的な揺れが生じにくいことが影響している

と思われる。しかし、他の児童が一時帰宅を繰り返し家庭復帰していく現状に直面しているため、児童の成長に伴い家庭復帰できないことへの絶望や親へのネガティブな感情が高まるといった心理的変化が起こりうる。そのような児童の心理的変化について施設職員に適切に言語化できればよいが、感情を抑圧している児童がいることも想定される。そのため、施設職員が児童の気持ちを無理のない形で汲み取り、時には児童の気持ちを代弁しながら関係性を深めていくことが児童の対人関係の形成に必要なプロセスである。

「親と連絡がつかない」「親が行方不明である」といった家族再統合の難しい実情が一時帰宅なし群の課題として示された（表3-13）。したがって、研究1で挙げたように、宿泊交流を通した家庭での生活体験を充実させることも必要であるが、まずは施設で安定した対人関係を築くことが児童の社会的自立に向けた支援に重要な意味をもつ。また「親が施設側との約束を守らない」という課題が5件挙げられており、このような親の態度は施設職員の親に対するネガティブな感情を抱きやすくさせる。このネガティブな感情を親が察すると、親と施設職員との関係が悪化することにつながり、親が施設と連絡をとらないなど距離をおくことになりかねない。その結果として、一時帰宅が中断することが考えられる。そのため、施設職員の抱く親へのネガティブな感情について心理職がコンサルテーションを行う必要がある。なお、これらについては研究5の考察で詳しく検討したい。

2）退所児童の行動および心理的変化の検討

社会的自立群では統計的な有意差はみられなかったものの、ECBI全項目得点が退所前に増加する傾向にあった。そして、家庭復帰群の約6割は在所期間が3年未満であり、短期間に家庭復帰している実情がみられた。一方、社会的自立群の児童の半数は在所期間が11年以上であり、施設生活が長期化している。社会的自立群は、慣れ親しんだ施設生活を離れ退所後の生活環境が大きく変化するため、緊張や不安などが高まり、退所前に感情が抑圧されるといった心理的変化が生じることも考えられる。そこで、退所前の複雑な感情を整理できるような退所準備のための短期の心理的支

第3章　児童の行動と心理的変化

援が行われてもよいと思われる。

　家庭復帰群の68％は基礎調査時に一時帰宅を行っていた。定期的な一時帰宅を積み重ねたことが家庭復帰につながったと思われる。菅野・元永（2008）は一時帰宅の不定期の実施が児童の問題行動をもたらす傾向を示唆しているため、定期的な一時帰宅を維持することが児童の行動の安定につながり、家庭復帰を促進する要因になると思われる。また、単純に一時帰宅を積み重ねるだけでなく、一時帰宅先での親子関係が深まるような体験が求められる。家庭復帰群の肯定的側面として、「施設職員が母親の気持ちを受けとめ続けたことで親和的になった」という内容が示された。このことから、親の感情を汲み取りながら支援を進めていくことが家庭復帰を促進させる一因になると思われる。なお、施設職員による児童と家族の関係調整がどのように進められるかは、研究5で示していく。

　社会的自立群では関係機関との連携が重要であることが示唆された。児童が社会的自立するまで、施設職員や児童相談所が親を支え続けた事例がみられた。そのため、社会的自立に向けた支援だけでなく、関係機関と連携しての家族への支援が並行して行われることが社会的自立後の家族再統合に必要であろう。

　里親・措置変更群では、「実親の経済面も含めた社会的フォローが必要であった」という課題が挙げられているが、親の経済的なゆとりのなさも児童に大きく影響を及ぼしているともいえる。そのため、子育てのしやすい政策が親のゆとりをもたらし、経済面が家庭復帰の促進に影響を及ぼすことが考えられる。

　退所児童の主な課題として、「児童の自己中心的な態度が改善されなかった」（家庭復帰群）、「児童の感情のコントロールが改善されなかった」（社会的自立群）といった自己制御力の問題や、「児童が就職した先での人間関係の悩みまで対応できなかった」（社会的自立群）といった対人関係の問題が示されたが、これらは本来児童の育つべき力であり、児童養護施設でこれらをどのように育み、形成していくかが重要である。

(3) 退所後のアフターケアについて

　退所後のアフターケアとして、施設職員が電話連絡、施設行事への招待、家庭訪問、学校訪問、会社訪問などを行っており、退所してからも児童との関係性を重視しながら児童を支えている実情が示された。複数の児童の養育をしながらの多忙な中でのアフターケアは、施設職員の個々の努力があるからこそ実現できることである。また、施設Aはベテランの職員が多いこともあり、アフターケアを行うための経験値も豊かである。しかし、児童養護施設の中には職員が頻繁に入れ替わり、実務経験の少ない若い職員が日々の児童の対応に追われ、アフターケアに時間をかけるゆとりがない施設もあるであろう。そこで、施設職員によるアフターケアに加えて、地域との連携を強化することで支援の層が広がることが期待される。

　しかし、退所して1年後に再び一時保護となった事例や、施設側が電話をかけても着信拒否するといったアフターケアが難しい事例も挙げられた。また、退所後の学校不適応、不登校、盗み、ネグレクトなどで児童相談所がアフターケアする事例もみられた。家庭復帰をしても順調にいかないケースについては児童の心の傷が深まることが考えられるため、地域での支えが必要である。しかし、アフターケアを拒否するケースや、転居を繰り返し経過が追えないケースもあるため、それらへの支援は今後の課題である。就職先での人間関係のトラブルに対応ができない、感情のコントロールが改善されていない、親の養育力が改善されていないといった内容も浮き彫りになった。これらは児童養護施設における家族再統合支援のあり方について考えさせられる課題でもある。

(4) まとめ

　研究2では、研究1の基礎調査から2年半後に児童のおかれた状況がどのように移り変わったか、継続入所児童と退所児童の2つに分類した上で類型化を行った。継続入所児童では一時帰宅の経過を捉えるため、一時帰宅維持群、一時帰宅中断群、一時帰宅開始群、一時帰宅なし群の4つの類型に分けた。また、退所児童では退所後のその後の状況を捉えるため、家庭復帰群、社会的自立群、里親・措置変更群の3つの類型に分けた。その

第3章　児童の行動と心理的変化

上で、児童の行動がどのように変化したか、各類型と児童の行動との関連について示してきた。また、各類型における肯定的側面と課題について提示し、児童の心理的変化について考察した。児童の心理的変化の考察としての特徴を総括すると、以下のようになる。すなわち、

　1）継続入所児童は退所していく児童を見送る機会が増えることで、将来への不安が生じるといった心理的変化が起こることが考えられる。

　2）特に一時帰宅中断群は、親に対するネガティブな感情が高まるといった心理的変化が起こることが考えられる。

　3）親が再婚するなど新たな家族を迎え入れる場合には一時帰宅による親子の関係性に変化がみられ、家庭復帰への期待感の高まりや実親をとられたという心理的葛藤、継父母と関わる中での緊張など、新しい家族との統合に伴う心理的変化が生じると思われる。

　4）社会的自立群は生活環境が大きく変化するため緊張や不安が高まり、退所前に感情が抑圧されるといった心理的変化が生じることが考えられる。

　研究2の結果が個別事例を通してどのように確認されるであろうか。つぎの研究3では、研究2で捉えきれなかったECBIの項目を類型ごとにさらに細かく検討したい。特に、家族再統合の観点からどのような家族再統合プロセスがみられるか、質的な内容も含めて15事例を提示しながら検討していきたい。

Ⅱ　【研究3】類型化からみた個別事例に関する研究

1. はじめに

　研究2では2年半後の児童のおかれた状況を類型化し、一時帰宅の経過や措置の変化の全体像について概観した。さて、これまで97人分の経過

を類型別に示してきたが、個々の事例においてはどのような行動や心理的変化がみられるであろうか。そこで、研究3では類型化した群の中から代表的な事例を通して家族再統合プロセスを検討したい。

　これまで、家族再統合に関連する個別事例の報告がいくつかみられる。たとえば、トムソン（2006）による児童養護施設での1事例の報告では、思春期の女子児童が約9年ぶりに母親と再会し、一時帰宅を行う中で児童の戸惑う様子や母親に対する複雑な感情について検討している。松岡・小山（2008）は、児童養護施設におけるソーシャルワークの視点から4事例について報告している。内容としては、一度家庭復帰したものの家庭の養育環境の低下のため再入所した事例や、施設内で親子宿泊訓練を試みることで家庭復帰した事例などである。また、山崎・帆足（2002）は、家庭復帰を検討しながらも親からの虐待の再発が危惧されたことで、児童養護施設に措置変更となった乳児院の2事例を報告している。

　このように、家族再統合プロセスには事例ごとにさまざまな経過がみられるが、児童養護施設において家族再統合の経過を類型化した上で論じた研究はあまりみられない。また、児童の行動変化について客観的データを示し、行動変化に伴う児童の心理的変化に触れながら個別事例を考察した研究はほとんどない。

2. 目　的

　研究3では、各類型から15事例を抽出し、類型化からみた個別事例についてECBI得点の変動を中心に質的に検討することによって、児童の行動にどのような変化がみられるか明らかにすることを目的とする。また、個別事例ごとに一時帰宅の意義や児童の心理的変化を考察し、家族再統合のあり方について議論を深めていく。

3. 対象と方法

（1）対象

　研究2で分類された継続入所児童の4類型（一時帰宅維持群、一時帰宅中断群、一時帰宅開始群、一時帰宅なし群）と退所児童の3類型（家庭復帰群、

第 3 章　児童の行動と心理的変化

社会的自立群、里親・措置変更群）の各類型から 2 〜 3 事例抽出し、最終的に継続入所児童から 8 事例、退所児童から 7 事例の計 15 事例を対象とした。事例の抽出の基準は、調査票の自由記述欄に記載された情報量が多い事例、筆者が心理室および生活場面にて児童と直接関わっていた事例を対象とした。なお、筆者が関わっていた事例は、事例 3-1、事例 3-4、事例 3-6、事例 3-7、事例 3-12、事例 3-13 の 6 事例である。

(2) 調査方法

　2007 年 4 月に追跡調査を実施した。調査の実施手続きは研究 2 と同様であった。

(3) 事例の提示方法

　まず、「4.　各事例の提示と検討」では継続入所児童と退所児童に分けて概要を示した。各事例は対象児童名をイニシャル化し、B から P で示した。また、対象児童の年齢は追跡調査時の年齢を示した。そして、児童が抱えている（抱えていた）主な問題、ECBI 全項目（表 3-22）の得点（基礎調査得点、追跡調査得点）の増減を表で示した。

　つぎに、類型別に個別事例の内容を提示した。まず事例内容を踏まえた上で題目を示し、ECBI 全項目得点の変化（増減）を再度示した。そして、入所状況、基礎調査時の様子、追跡調査時の様子、ECBI 得点の変化、アフターケア（退所児童でアフターケアが行われている事例のみ）、事例の考察を述べた。なお、15 事例の全体的な考察については、「5.　考察」で述べた。

　児童の行動変化は、ECBI 全項目得点だけではどの下位項目に対応しているかは表面的に現れないので把握できない。そこで、ECBI 下位尺度得点と ECBI 全項目得点について図（棒グラフ）を用いて行動変化を示した。さらに、ECBI 全 36 項目のどの項目に変化がみられるかを質的に明らかにするため、ECBI 全 36 項目の得点を図（棒グラフ）で示し、質的分析の基礎資料とした。

　なお、研究 1 ですでに説明しているが、ECBI は得点が高いほどその行

表3-22　アイバーグ・チェックリスト（ECBI）全項目

		決してない	めったにない	ときどき	たびたび	いつも		
例	わがままをよく言う	1	2	3	4	5	6	7
1	着替えるのにぐずぐずと時間がかかる	1	2	3	4	5	6	7
2	食事の時間にぐずぐずするか、だらけてしまう	1	2	3	4	5	6	7
3	食事の時の行儀があまりよくない	1	2	3	4	5	6	7
4	出された食事を食べない	1	2	3	4	5	6	7
5	お手伝いを頼んでも言うことを聞かない	1	2	3	4	5	6	7
6	寝る支度をなかなかしない	1	2	3	4	5	6	7
7	決められた時間に寝ようとしない	1	2	3	4	5	6	7
8	約束を守らない	1	2	3	4	5	6	7
9	罰を与えると脅かすまで言うことを聞かない	1	2	3	4	5	6	7
10	何かするように言われると反抗的な態度をとる	1	2	3	4	5	6	7
11	決められたことについて職員に文句を言う	1	2	3	4	5	6	7
12	自分の思い通りにならないと怒り出す	1	2	3	4	5	6	7
13	かんしゃくもちである	1	2	3	4	5	6	7
14	生意気である	1	2	3	4	5	6	7
15	ぐちる	1	2	3	4	5	6	7
16	すぐに泣く	1	2	3	4	5	6	7
17	怒鳴ったり叫んだりする	1	2	3	4	5	6	7
18	職員をぶつ	1	2	3	4	5	6	7
19	物やおもちゃを壊す	1	2	3	4	5	6	7
20	物やおもちゃを大切にしない	1	2	3	4	5	6	7
21	盗みをはたらく	1	2	3	4	5	6	7
22	うそをつく	1	2	3	4	5	6	7
23	他の子どもたちをからかったり怒らせたりする	1	2	3	4	5	6	7
24	同じ年頃の友達と口喧嘩をする	1	2	3	4	5	6	7
25	きょうだいと口喧嘩をする（※きょうだいが施設内に入所している場合のみ）	1	2	3	4	5	6	7
26	同じ年頃の友達と取っ組み合いの喧嘩をする	1	2	3	4	5	6	7
27	きょうだい喧嘩の時に暴力を振るう（※きょうだいが施設内に入所している場合のみ）	1	2	3	4	5	6	7
28	たえず注意を引こうとする	1	2	3	4	5	6	7
29	仕事の邪魔をする	1	2	3	4	5	6	7
30	すぐに取り乱す	1	2	3	4	5	6	7
31	長い時間集中することができない	1	2	3	4	5	6	7
32	何事も最後までやり遂げることができない	1	2	3	4	5	6	7
33	自分一人で楽しむことが難しい	1	2	3	4	5	6	7
34	1つのことに集中するすることが難しい	1	2	3	4	5	6	7
35	活発すぎるか落ち着きがないかのどちらかである	1	2	3	4	5	6	7
36	おねしょをする	1	2	3	4	5	6	7

●お子さんにどのくらいの頻度で起こりますか

注）※は施設内での様子に限定するため筆者により追記を行った。
出典）三輪田・手塚（1998）を基に筆者作成。

第3章　児童の行動と心理的変化

動が施設内で頻繁に観察されていることを示している。尺度は7件法で回答を求めており、「決してない」（1点）～「いつも」（7点）で評定している。今回は、変化が著しい項目や高得点の項目については図の棒グラフの上にアスタリスク（＊）を記した。また、これらの項目内容について事例ごとに考察を行った。

4. 各事例の提示と検討

(1) 継続入所児童の個別事例

　継続入所児童の個別事例について表3-23に概要を示した。そして、各個別事例の詳細を続けて述べた。

1) 一時帰宅維持群の事例

事例3-1：「表情が乏しく言語化が苦手なB（8歳男子）」

（ECBI全項目得点：85から114に増加）

［入所状況］

　出生してまもなく乳児院に預けられた。その後、2歳時に施設Aに入所

表3-23　継続入所児童の主な個別事例（類型別）

	対象児童		児童が抱えている主な問題（追跡調査時）	ECBI全項目得点		
				基礎	追跡	増減
一時帰宅維持群	事例3-1	B（8歳男子）	発達の問題 対人関係	85	114	＋29
	事例3-2	C（12歳男子）	暴力	180	76	－104
一時帰宅中断群	事例3-3	D（7歳女子）	盗み 落ち着きのなさ	147	169	＋22
	事例3-4	E（9歳男子）	暴力 対人関係	136	131	－5
一時帰宅開始群	事例3-5	F（9歳女子）	学習不振 夜尿症	165	93	－72
	事例3-6	G（12歳男子）	学習不振 情緒不安定	167	83	－84
一時帰宅なし群	事例3-7	H（9歳男子）	盗み、暴力 授業妨害	183	200	＋17
	事例3-8	I（11歳女子）	学習不振 発達の問題	166	116	－50

した。入所理由は両親の離婚、両親の精神疾患であった。父親宅への一時帰宅を行っているが、母親との交流は現在までない。Bは表情が乏しく、言語化が苦手な児童である。施設内では集団への参加は消極的で、目立たない存在であるという。

[基礎調査時の様子]

　基礎調査時には父親宅に月1回ペースで一時帰宅を行っていた。しかし、父親が同じ寮に入所中のBの姉（7歳）ばかり可愛がり、父親がBに対して暴力的なため、Bが一時帰宅を拒否することもあった。また、一時帰宅先では起床や就寝が不規則な様子であった。

[追跡調査時の様子]

　父親宅への一時帰宅が継続されていたが、不定期の実施である。Bの姉（追跡調査時は10歳）が父親を拒否するようになったこともあり、父親のBへの関心が徐々に高まっている。一時帰宅先ではTVゲーム中心の生活であり、施設職員は親子の情緒的なコミュニケーションの乏しさを心配している。父親はBに物を買い与えることで関心を引いているようである。父親は施設職員に攻撃的なことがあり、施設職員は父親への対応に苦慮している。

[ECBIの変化]

　ECBI全項目得点は基礎調査時では85点であったが、追跡調査時では114点であり、29点増加している。ECBI下位尺度得点では集中困難・妨害行動得点が16点増えている（図3-1）。

　得点の変化が目立った項目としては、「長い時間集中することができない」（項目31）、「何事も最後までやり遂げることができない」（項目32）、「1つのことに集中することが難しい」（項目34）が4点増加している。また、「きょうだいと口喧嘩をする」（項目25）も3点増加し、「同じ年頃の友達と口喧嘩をする」（項目24）も2点増加している（図3-2）。なお、Bの姉のECBI全項目得点は112点から117点にわずかに増加している。

[事例の考察]

　本事例では出生まもなく乳児院に預けられ、その後も施設生活が長く続いていることから、親との愛着形成が難しい事例であると思われる。特に、

第3章　児童の行動と心理的変化

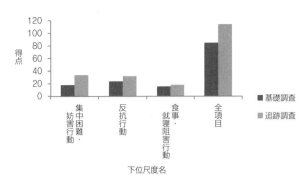

図3-1　事例3-1のECBI下位尺度得点および全項目得点

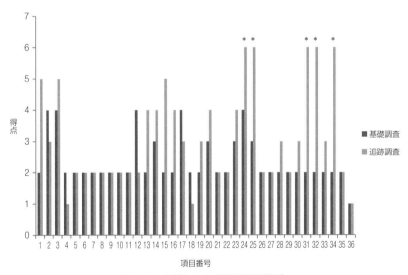

図3-2　事例3-1のECBI項目別得点

　Bの表情の乏しさや言語化が苦手であることは、家族を含めた他者との良好な相互作用を妨げる要因になっていることが考えられる。また、B自身の内面の感情にエネルギーが向き、周りに合わせた行動ができないことが予測される。

　Bの心理的変化に関して、基礎調査時から追跡調査時のECBI全項目得点の増加は、家族内の人間関係（父－姉、父－B）の不安定な変動、父親

からの情緒的な関わりの欠落の中で、自己の感情を言語化できない状況が重なり、「集中困難」「妨害行動」の増加が生じていると推測される。

　父親がBへの関心を高めていることは親子関係を築く意味では好ましい傾向であるが、父親の一方的な関わりであり親子の情緒的なコミュニケーションが乏しいことから、一時帰宅を単純に繰り返しても親子関係は深まらない可能性がある。

　父親自身のコミュニケーション力を改善することは現状では難しいため、Bにコミュニケーションスキルを身につけさせるような支援を施設内で与えることで、一時帰宅先での親子の相互作用を深めるきっかけになることが考えられる。Bへの心理的支援とコミュニケーションを促進させるための介入プログラムが、Bの情動表出と態度変容をもたらすことが果たして可能であろうか。この問題は次章の研究4で取り上げる。

事例3-2：「一時帰宅先が明確になり、行動が安定したC（12歳男子）」

（ECBI全項目得点：180から76に減少）

［入所状況］

　両親のネグレクトで、6歳の時に施設Aに入所した。

［基礎調査時の様子］

　一時帰宅を年に数回実施していたが、両親は別居しており父親宅と母親宅を行き来するようになり、一時帰宅の状況は不安定であった。父親との別れ際に泣くこともあった。施設内ではCが他の児童へ暴力を振るうことが問題となっていた。

［追跡調査時の様子］

　経緯は不明だが一時帰宅先を父親のみに限定し、母親とは面会などで交流を保っている。父親は学校行事や施設行事を見に来ており、Cへの関心を高めている。一時帰宅から施設に戻ってきたCの様子は安定しており、表情もよい。

［ECBIの変化］

　ECBI全項目得点は基礎調査時では180点であったが、追跡調査時は76点であり、104点減少している。また、下位尺度得点では特に反抗行動得

第3章　児童の行動と心理的変化

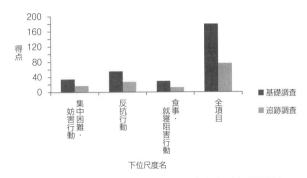

図3-3　事例3-2のECBI下位尺度得点および全項目得点

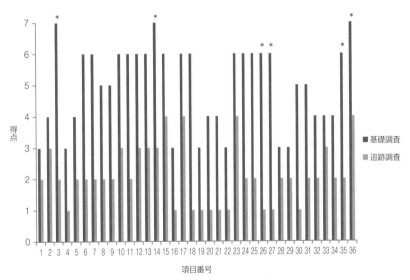

図3-4　事例3-2のECBI項目別得点

点が28点減っている（図3-3）。

　得点の変化が目立った項目としては、「食事の時の行儀があまりよくない」（項目3）、「同じ年頃の友達と取っ組み合いの喧嘩をする」（項目26）、「きょうだい喧嘩の時に暴力を振るう」（項目27）の得点が5点減少している。また、「生意気である」（項目14）、「活発すぎるか落ち着きがないかのどちらかである」（項目35）の得点が4点減少し、「おねしょをする」（項

目36）も3点減少している（図3-4）。

［事例の考察］

　両親の別居によりCが父母の双方の家を行き来することは、夫婦間の葛藤の問題に直面することになる。そのため、心理的にも身体的にもCに大きな負担があったと考えられる。

　ECBI全項目得点の減少は対人関係行動の安定化を示し、心理的にも安定方向に変化していることを示す。父親との別れ際に泣く行動が確認されていることから、父親との愛着関係は良好であったことが推測される。

　追跡調査時にはECBI全項目得点が104点も減少している。これは、Cが夫婦の葛藤に距離をおくことで改善に向かったのであろう。一時帰宅先を父親宅に明確に限定し、父親がCの学校行事や施設行事を見に来ており、父親のCへの関わり方にも変化がみられる。また、Cのおねしょが改善されており、Cの心理的不安が減少したことが推測される。

　家族再統合プロセスからすると、母親との関係の構築が課題となるが、まずは児童への悪影響が生じないように父親宅への一時帰宅や母親との面会で関係調整を行う必要があろう。

2）一時帰宅中断群の事例

事例3-3：「母親の拘禁で一時帰宅が中断したD（7歳女子）」

（ECBI全項目得点：147から169に増加）

［入所状況］

　母親が父親から家庭内暴力を受けたという理由で、生後まもなく乳児院へ措置され、2歳の時に施設Aへ措置変更された。

［基礎調査時の様子］

　2歳上の兄とともに母親宅へ隔週ペースで一時帰宅していた。施設内では母親に関する肯定的な話題が増え、次回の一時帰宅を期待していた。

［追跡調査時の様子］

　母親の拘禁で一時帰宅が中断され、児童の盗みや落ち着きのなさや、対人関係の不調といった問題行動が目立つようになった。母親の拘禁についてDにどのように伝えられたかは情報が得られていない。

第3章 児童の行動と心理的変化

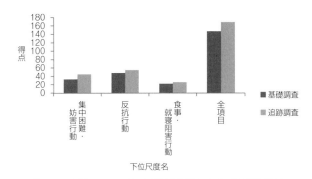

図3-5　事例3-3のECBI下位尺度得点および全項目得点

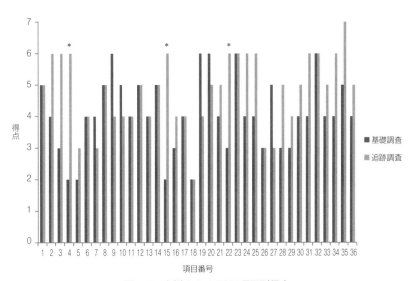

図3-6　事例3-3のECBI項目別得点

［ECBIの変化］

　ECBI全項目得点は基礎調査時では147点であったが、追跡調査時では169点であり、22点増加している。下位尺度得点では特に集中困難・妨害行動得点が12点増えている（図3-5）。

　得点の変化が目立った項目としては、「出された食事を食べない」（項目4）、「ぐちる」（項目15）が4点増加し、「活発すぎるか落ち着きがないか

95

のどちらかである」（項目35）が常に観察される行動になっている（図3-6）。「うそをつく」（項目22）も3点増加している。

　参考までに兄のECBI全項目得点をみると、基礎調査時では106点であったが、追跡調査時には164点に増加している。

[事例の考察]

　父親の母親への暴力で、生後まもなく乳児院へ措置という発達初期での環境が安定しない家族機能不全の事例である。それでも、母親宅への一時帰宅は母子の絆の形成の兆しを生みつつあった。しかし、母親の拘禁による一時帰宅の中断が引き金となり、母親との別離体験による心理的不安定さが盗みなどの問題行動として顕著に現れていることが考えられる。このことから、Dが期待していた一時帰宅が中断されることが、いかにネガティブな心理的影響を及ぼしているかを示している。特に、「集中困難・妨害行動」という指標が変動していることに注目したい。また、兄のECBI得点も増加しており、母親の拘禁がきょうだいともに大きな影響を及ぼしていることがわかる。母親の出所のタイミングも考慮しながら、家族再統合プロセスをどのように進めていくかが重要であろう。

事例3-4：「父親の再拘禁で一時帰宅が中断したE（9歳男子）」

（ECBI全項目得点：136から131に減少）

[入所状況]

　父母の離婚により2歳で施設Aに入所した。母親とは入所してから現在まで音信不通である。父親は拘禁されていたが、刑務所を出所した後に不定期ではあるが父親宅に一時帰宅するようになった。

[基礎調査時の様子]

　父親宅へ隔週ペースで一時帰宅し、父親との関係が徐々に築けていた。一時帰宅も定期的に行われていた。父親が再婚を考えるようになり、一時帰宅を繰り返すたびに父親がつきあっている女性と会い、その女性とEとの関係も良好であった。そのため、父親の再婚を機に家庭復帰が検討されていた。しかし、施設内では問題行動が顕著であり、他の児童への暴力、暴言などが目立っていた。

第 3 章　児童の行動と心理的変化

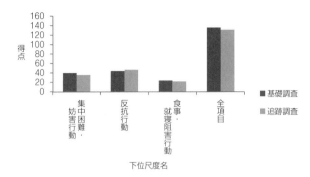

図 3-7　事例 3-4 の ECBI 下位尺度得点および全項目得点

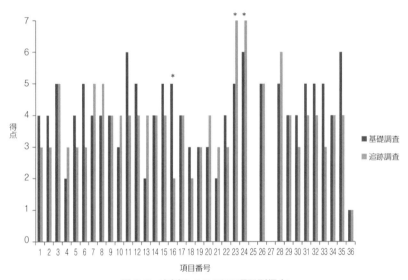

図 3-8　事例 3-4 の ECBI 項目別得点

［追跡調査時の様子］

　父親が反社会的行為により再び拘禁となり一時帰宅が中断している。父親の再婚話もなくなり、家庭復帰が困難となった。信頼を寄せていた祖母も亡くなっている。家族に関する内容ではなかったが「俺は運が悪い」と頻繁に漏らし、自己肯定感の低さがみられる。しかし、寮の集団生活では年長者としての自覚が芽生え、低年齢の児童からは慕われている。家族の

話題はほとんど口にしない。

［ECBIの変化］

ECBI全項目得点は136点から131点にわずかながら減少している（図3-7）。

得点の変化が目立った項目としては、「すぐに泣く」（項目16）が3点減少しているが、「他の子どもをからかったり怒らせたりする」（項目23）、「同じ年頃の友達と口喧嘩をする」（項目24）は最高得点に増えている（図3-8）。

［事例の考察］

一時帰宅が中断となる中、ECBI全項目得点の変化はみられていない。しかし、父親の再拘禁により家庭復帰の可能性がなくなったことに対する失望が心理的変化に影響を与えている。それが「俺は運が悪い」という自己意識となり、対人関係の問題行動の引き金になっていることが推測される。施設では家族の話題をほとんど口にしないことから、言葉にしにくい抑圧された複雑な感情が他の児童への攻撃的な行動として現れていると思われる。また、Eの攻撃性は反社会的行為を繰り返す父親への同一化の可能性もある。

Eは9歳になっており、心理的に成長し父親の現状への理解は一応できていると考えられるが、再度の拘禁で自分の将来の希望が失われたことによる父親への不満や怒りが少なからず感じられる。Eは不眠や便秘といった身体的な症状が長く続いており、持続的なストレス状況下にある。また、感情が適切に言語化できていないことで、攻撃性が高まる可能性がある。小学校高学年になり年下から慕われているが、少しでも自分の心理的な内面を語ることができるような同年齢以上の他者の存在も必要であろう。

なお、Eに対して施設職員がどのように関わり、一時帰宅がどのように行われていたかは、研究5にて詳しく述べる。

3）一時帰宅開始群の事例
事例 3-5：「母親の再婚を機に一時帰宅が開始された F（9 歳女子）」

（ECBI 全項目得点：165 から 93 に減少）

[入所状況]

　F はネグレクトのため、5 歳時に施設 A に入所した。

[基礎調査時の様子]

　一時帰宅が見込まれず、「いつになったら帰れるの？」と担当職員に尋ねる場面があった。

[追跡調査時の様子]

　母親が再婚し、帰宅が開始された。一時帰宅先では家事の手伝いをして過ごすこともあり、実母、継父ともに F に対する関心が強まっている。

[ECBI の変化]

　ECBI 全項目得点は基礎調査時では 165 点であったが、追跡調査時には 93 点であり 72 点減少している。下位尺度得点では、集中困難・妨害行動得点が 21 点減っている（図 3-9）。

　得点の変化が目立った項目としては、「すぐに泣く」（項目 16）が 4 点減少し、ほとんどみられなくなっている。また、「活発すぎるか落ち着きがないかのどちらかである」（項目 35）は 5 点減少し、改善している。また、「1 つのことに集中するのが難しい」（項目 34）は 4 点減少しほぼ改善している。その他には、「食事の時間にぐずぐずするか、だらけてしまう」（項目 2）、「食事の時の行儀があまりよくない」（項目 3）については、「よくみられる行動」から「ときどきみられる行動」に変化しており、「何事も最後までやり遂げることができない」（項目 32）もほぼ改善されている（図 3-10）。

[事例の考察]

　F の事例は、家族機能の回復が心理的変化に安定をもたらしている。ECBI 全項目得点が改善を示し、集中困難・妨害行動得点は減少しており、情動は安定方向に変化している。ネグレクトをしていた母親が再婚したことで一時帰宅が開始されているため、継父がキーパーソンとなることで家庭環境が安定した可能性がある。本事例は、母親の再婚による新たな家族

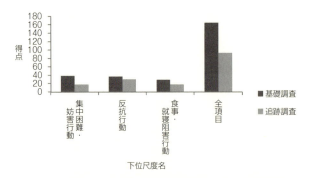

図 3-9　事例 3-5 の ECBI 下位尺度得点および全項目得点

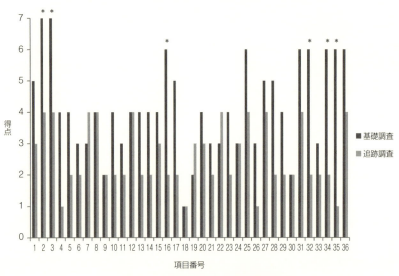

図 3-10　事例 3-5 の ECBI 項目別得点

との統合プロセスの一端を示した事例ということもできよう。

事例 3-6：「母親が心理的に安定し一時帰宅が再開した G（12 歳男子）」

（ECBI 全項目得点：167 から 83 に減少）

[入所状況]

　乳児院を経て 3 歳時に施設 A に入所した。父親は行方不明であった。ま

た、児童と母親との情緒的なコミュニケーションは希薄であった。

［基礎調査時の様子］

　母親は心理的に不安定であり、一時帰宅の約束をしていても当日連絡もなく迎えにこないことや、連絡がとれないこともたびたびあった。施設職員は連絡をとる工夫をするなど、母親への熱心な働きかけを行っていた。

［追跡調査時の様子］

　母親が同棲相手と再婚を考えるようになり、母親は心理的に安定している。また、母親が施設職員に協力的になり、一時帰宅が定期的に行われるようになっている。Gは家庭復帰を期待しているが、家庭復帰が実現しないことも影響しているのか施設内では無気力さや一人遊びが目立っている。

［ECBIの変化］

　ECBI全項目得点は基礎調査時には167点であったが、追跡調査時には83点であり、84点も減少している。下位尺度得点では特に反抗行動得点が28点減っている（図3-11）。

　得点の変化が目立った項目としては、「食事の時にぐずぐずするか、だらけてしまう」（項目2）、「決められたことについて職員に文句を言う」（項目11）が4点減少し、ほぼみられない行動に変化している。「物やおもちゃを大切にしない」（項目20）は5点減少し、改善されている（図3-12）。

［事例の考察］

　一時帰宅が再開されたことで問題行動は改善傾向にあるが、Gは母親に対して過剰な期待があるため、期待を裏切られるといった不安や母親を独占できない不満といった心理的変化が予測される。Gの事例は、父親不在の母子家庭でも母親が安定すれば一時帰宅が安定し、愛着の形成が可能であることを示唆している。同棲による母親の経済的なゆとりや心理的なゆとりが子どもの行動変容、心理的安定さをもたらすことを示唆している点に注目したい。母親を安定させる支援の必要性も強調できるであろう。基礎調査時にはECBI全項目得点が167点と高得点であり、「再び母親と連絡がとれなくなるのでは」といった不安も問題行動と関連していると思われる。

　また、乳児院を経て施設生活が長期化している生育歴や母親からの不適

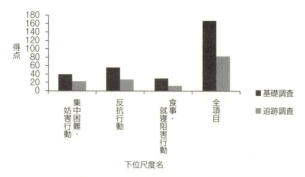

図 3-11　事例 3-6 の ECBI 下位尺度得点および全項目得点

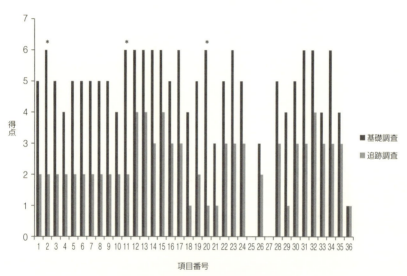

図 3-12　事例 3-6 の ECBI 項目別得点

切な関わりが対人関係に影響していると思われる。Gが一人遊びを好むのはコミュニケーションスキルが低く、他者と関わることにより傷つくことを恐れている可能性もある。

　なお、本事例は施設職員が母親との関わりで苦慮している事例である。今回情報として得られにくかった母子への施設職員の関わりや、児童の心理的変化を明らかにするために、研究 5 にて詳しく取り上げる。

第 3 章　児童の行動と心理的変化

4）一時帰宅なし群の事例

事例 3-7：「親が行方不明のため施設生活が続く H（9 歳男子）」

（ECBI 全項目得点：183 から 200 に増加）

［入所状況］

　両親の離婚、両親の行方不明のため、他の児童養護施設を経て 4 歳時に施設 A に入所した。

［基礎調査時の様子］

　親との交流はなく、盗み、他の児童への暴力、威圧的言動、反抗的態度などが目立っていた。また、施設および小学校では H の対応に苦慮していた。

［追跡調査時の様子］

　両親とは音信不通が続いている。基礎調査時と同様の行動上の問題がみられ、小学校では授業妨害を行うこともある。

［ECBI の変化］

　ECBI 全項目得点も基礎調査時には 183 点であったが、追跡調査時には 200 点であり、17 点増加している（図 3-13）。

　得点の変化が目立った項目としては、「きょうだいと口喧嘩をする」（項目 25）が 5 点増加し、「長い間集中することができない」（項目 31）が 4 点減少している。「約束を守らない」（項目 8）、「自分の思い通りにならないと怒り出す」（項目 12）、「他の子どもたちをからかったり怒らせたりする」（項目 23）、「同じ年頃の友達と口喧嘩をする」（項目 24）、「活発すぎるか落ち着きがないかのどちらかである」（項目 35）の 6 項目については 7 点に保たれており、頻度の高い行動となっている（図 3-14）。

［事例の考察］

　この H の事例は親が行方不明のため親との関係がまったく切れてしまった事例であり、一時帰宅を行う場所を失っている。他の児童養護施設から措置変更された理由までは明らかにされなかったが、2 ヶ所目の児童養護施設であることや、両親が 5 年間にわたり行方不明であること、問題行動が顕著に観察され、施設だけでなく学校でも対応に苦慮していることから、非常に難しい事例であると思われる。

103

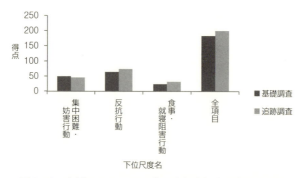

図3-13　事例3-7のECBI下位尺度得点および全項目得点

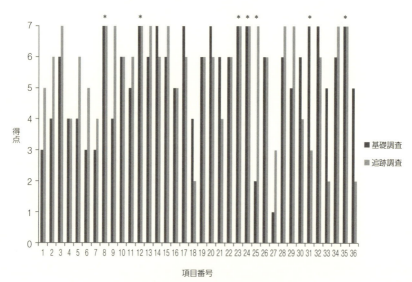

図3-14　事例3-7のECBI項目別得点

　ECBI得点では最大で振り切れて変化しない項目が5項目にわたり、問題行動も深刻化している。特に、他の児童との喧嘩が常にあるため、集団生活で不適応を起こしていると推測される。集団の中での支援には限界があるため、個別的に関わる支援が必要な児童である。このような事例にどのような支援を与えればよいかが問われる。ECBIの項目では「職員をぶつ（蹴るなどの暴力行為を含む）」（項目18）、「自分一人で楽しむことが難し

第3章　児童の行動と心理的変化

い」（項目33）については改善傾向にある。そのため、Hができていることに着目し、施設職員が児童との関わりの中で肯定的にフィードバックすることもできよう。

　この事例では児童の心理面に関する情報が少ないが、情報の少なさは施設職員が児童に対してネガティブな感情を抱くことも影響していると思われる。本事例は施設職員や学校が対応に苦慮していることから、心理職により施設職員を支えることや、児童への個別的な心理的支援を含めたチームでの支えが重要となろう。

事例 3-8：「祖母宅で母親と会い安定した I（11 歳女子）」

（ECBI全項目得点：166 から 116 に減少）

[入所状況]

　両親の離婚、母親のネグレクトのため、7 歳半の時に施設Aに入所した。

[基礎調査時の様子]

　母親との面会はできるが一時帰宅は実施されず、I は母親への複雑な気持ちを抱いているようであった。母方の祖父母宅に宿泊交流を行うことはあったが、不定期で実施されていた。

[追跡調査時の様子]

　月 1 回ペースで祖父母宅にて母親と会うようになり、I の情緒が安定している。

[ECBIの変化]

　ECBI全項目得点は基礎調査時には 166 点であったが、追跡調査時には 116 点であり、50 点減少している。下位尺度得点では集中困難・妨害行動得点が 23 点減っている（図 3-15）。

　得点の変化が目立った項目としては、「罰を与える（ペナルティを科す）と脅かす（伝える）まで言うことを聞かない」（項目 9）、「たえず注意を引こうとする」（項目 28）が 4 点減少し、ほぼみられなくなっている。しかし、「食事の時の行儀があまりよくない」（項目 3）が 6 点から 7 点に増加している（図 3-16）。

105

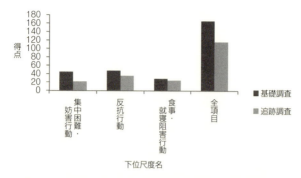

図3-15　事例3-8のECBI下位尺度得点および全項目得点

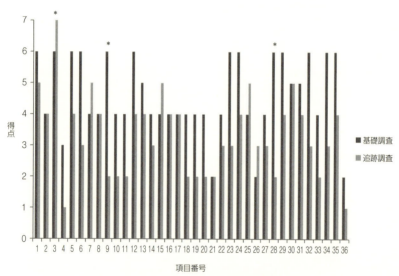

図3-16　事例3-8のECBI項目別得点

[事例の考察]

　母親からのネグレクトの経験はあるが、入所前の母子関係に関する情報は得られていない。基礎調査時には母親との面会はできているが一時帰宅は行われないという報告から、母子関係の不自然さが感じられる事例である。母親はIの育児をほとんどしてこなかったことでIは母親に対して緊張し、愛着の形成が不全であることが推測される。この事例では祖父母が

第 3 章　児童の行動と心理的変化

キーパーソンとなり、Ｉと母親を引き合わせている。追跡調査時にはECBI
全項目得点が 50 点も減少していることから、祖父母宅での定期的な面会
での体験が良質であったことが考えられる。このように、実親のもとへの
一時帰宅が不可能でも、親族の介入により徐々に親子関係を築いていくこ
とも家族再統合プロセスとして有効であることを示している。

(2) 退所児童の個別事例

　退所児童の類型別にみた個別事例について表 3-24 に概要を示した。そ
して、各個別事例の詳細を続けて述べた。

1) 家庭復帰群の事例

事例 3-9:「父親の積極的な行動により家庭復帰した J（6 歳男子）」

（ECBI全項目得点：98 から 45 に減少）

[入所状況]

　両親の離婚のため、3 歳の時に施設Ａに入所した。

[基礎調査時の様子]

　入所まもなく父親宅へ毎週一時帰宅し、父親とは良好な関係が築かれて
いた。母親とは音信不通であった。

表 3-24　退所児童の主な個別事例（類型別）

	対象児童		児童が抱えていた主な問題（追跡調査時）	ECBI全項目得点		
				基礎	追跡	増減
家庭復帰群	事例 3-9	J （6 歳男子）	特になし	98	45	− 53
	事例 3-10	K （10 歳男子）	学習不振	142	103	− 39
	事例 3-11	L （17 歳男子）	盗み、暴力	50	108	＋ 58
社会的自立群	事例 3-12	M （18 歳男子）	性的行為	177	129	− 48
	事例 3-13	N （18 歳男子）	生活面の経験不足	82	72	− 10
里親・措置変更群	事例 3-14	O （7 歳男子）	発達の問題対人関係	115	111	− 4
	事例 3-15	P （13 歳男子）	暴力、学習不振対人関係	173	121	− 52

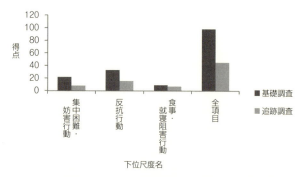

図3-17　事例3-9のECBI下位尺度得点および全項目得点

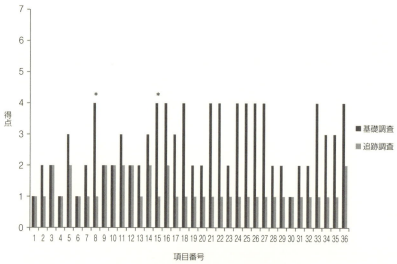

図3-18　事例3-9のECBI項目別得点

［追跡調査時の様子］

　父親は家庭復帰後の生活のシミュレーションを行うなど、Jの受け入れ準備のための積極的な行動がみられた。施設職員が地域の公的支援機関を紹介すると、利用を検討していた。Jが小学校に入学し、きょうだいで留守番ができるまでに成長したことで家庭復帰に至った。

第3章　児童の行動と心理的変化

［ECBIの変化］

　ECBI全項目得点では、基礎調査時には98点であったが、追跡調査時は45点であり、53点減少している。下位尺度得点では特に反抗行動得点が17点減っている（図3-17）。

　項目別では「約束を守らない」（項目8）、「ぐちる」（項目15）を含めた10項目において3点減少している。追跡調査では1点台が目立ち、行動上の問題がほぼ改善されている（図3-18）。

［アフターケア］

　退所後のアフターケアとしては、施設職員が数回家庭訪問を行い、順調に家庭で生活している様子がみられた。小学校の運動会でも施設職員がJの経過観察を行っている。

［事例の考察］

　本事例は3年以内に家庭復帰した事例である。基礎調査時には父親が家庭復帰に積極的な姿勢をみせていたこともあり、家庭復帰が見込める事例であった。ECBI全項目得点が53点減少しているが、家庭復帰に前向きな父親のもとで一時帰宅が毎週継続されたことが児童の行動の安定につながったと思われる。退所後のアフターケアとしては施設職員が家庭訪問を行っており、よい形で支援が実施されている事例である。今後、父子家庭のための公的支援システムの充実が求められる。

事例3-10：「父親の意識が変化し家庭復帰したK（10歳男子）」

（ECBI全項目得点：142から103に減少）

［入所状況］

　両親の離婚、ネグレクト、経済的理由のため、姉とともに7歳の時に施設Aに入所した。

［基礎調査時の様子］

　父親宅に月1回ペースで一時帰宅していた。一時帰宅先は安定しており、Kも一時帰宅を楽しみにしていた。しかし、家庭復帰については父親の無自覚さが課題とされた。

109

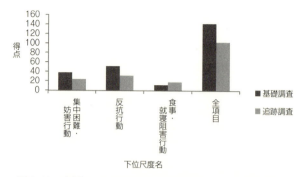

図3-19 事例3-10のECBI下位尺度得点および全項目得点

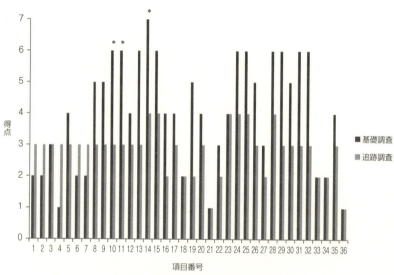

図3-20 事例3-10のECBI項目別得点

［追跡調査時の様子］

退所前は父親の家への一時帰宅が隔週ペースで行われ、母親とも面会で交流が保たれていた。一時帰宅先では地域の野球チームに父子で活動し、父親のKへの意識が徐々に変化していった。父親が児童の家庭復帰を決意したことで退所に至った。定期的な一時帰宅の積み重ねが効果的であったと施設職員は実感している。

110

第3章　児童の行動と心理的変化

［ECBIの変化］

ECBI全項目得点は基礎調査では142点であったが、追跡調査時には103点であり、39点減少している。下位尺度得点では特に反抗行動得点が20点減っている。しかし、食事・就寝阻害行動得点のみ6点増加している（図3-19）。

得点の減少が目立った項目としては、「何かするように言われると反抗的な態度をとる」（項目10）、「決められたことについて職員に文句を言う」（項目11）、「生意気である」（項目14）を含む5項目において3点減少している（図3-20）。

［アフターケア］

退所後のアフターケアとしてはKの姉はまだ入所中であり、父親宅へ日帰りで一時帰宅しているため、Kの状況が把握しやすい。なお、姉は母親宅への一時帰宅（宿泊）も行われている。

［事例の考察］

基礎調査時には家庭復帰に対する父親の無自覚さが問題とされていたが、追跡調査時には父親の意識の変化がみられた。一時帰宅を積み重ねることが効果的であったと報告されているが、その背景として父子で野球チームに参加し親子の相互作用が深まっただけでなく、地域の人とのつながりが広がったことも家庭復帰の実現に影響していると思われる。家庭復帰時にはKが10歳になっていたため、留守番ができる年齢になったことも家庭復帰を可能にしたと思われる。両親の離婚が施設への入所のきっかけになっているが、弟（K）は父親宅へ、姉は母親宅へ一時帰宅しているため、児童養護施設における離婚家庭への支援のあり方について考えさせられる事例でもある。また、父子家庭は児童扶養手当が対象外とされているため、公的支援を受けられにくい現状がある。父子家庭への公的支援や地域で支える社会システムが不足していることも、本事例のような施設への措置を招いていると思われる。

111

事例 3-11：「施設生活のルールが守れず家庭復帰したL（17歳男子）」

（ECBI全項目得点：50 から 108 に増加）

[入所状況]

　父親からの身体的虐待、経済的な理由のため、10歳の時に施設Aに入所した。

[基礎調査時の様子]

　父親はすでに死亡しており、母親宅へ月1回ペースで一時帰宅していた。顕著な問題行動はあまりみられなかった。

[追跡調査時の様子]

　退所前は母親宅への一時帰宅が不定期で実施され、生活習慣が乱れていた。Lは施設生活のルールが守れず、施設職員は対応に苦慮していた。母親宅で自由に暮らしたいという希望があり、Lの希望を結果的に受け入れ退所に至った。退所後は高校を卒業し、就職先が決まった。

[ECBIの変化]

　ECBI全項目得点は基礎調査時では50点であったが、追跡調査時には108点に増加し、下位尺度得点では特に反抗行動得点が26点増えており、集中困難・妨害行動得点も20点増えている（図3-21）。

　得点の変化が目立った項目としては、「約束を守らない」（項目8）が6点も増加している（図3-22）。

[事例の考察]

　施設のルールが守れず、「母親宅で自由に暮らしたい」という希望から家庭復帰になった。施設で問題を起こせば家庭復帰できるという期待がLにあった可能性もある。10歳から7年間支援していた施設側もLの自己中心的な家庭復帰は不本意であったと思われる。社会的自立に向けた支援がなされる年齢でもあるため、児童－母親－施設間での意思確認や、自立支援に対する動機づけが希薄だったことが考えられる。家庭復帰の準備が不十分であるのに、本人が強く家庭復帰を希望した場合に、どのように対処すべきかについて考えさせられる事例である。井出（2004）は、児童の意思が尊重されないまま親の強い要望で家庭復帰されることのリスクについて指摘しているが、このLの事例は児童の強い要望が優先されたといえ

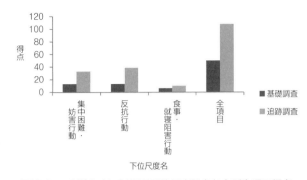

図 3-21　事例 3-11 のECBI下位尺度得点および全項目得点

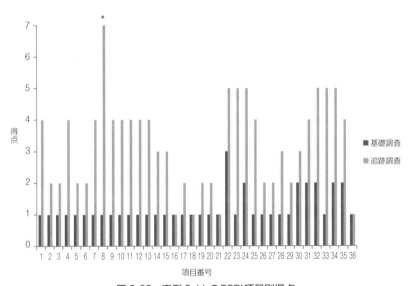

図 3-22　事例 3-11 のECBI項目別得点

る。施設生活のルールを守れず「自由に暮らしたい」という自己中心的な動機による家庭復帰のため、家庭復帰後のリスクを想定したアフターケアが重要となる。

2) 社会的自立群の事例

事例 3-12：「複数の関係者の支えにより自立したM（18歳男子）」

(ECBI全項目得点：177から129に減少)

[入所状況]

両親の死亡のため、14歳の時に施設Aに入所した。

[基礎調査時の様子]

祖父母宅への宿泊交流が行われていたが、金をねだるなど祖父母を不快にさせる言動が目立った。

[追跡調査時の様子]

退所前には祖父母宅への宿泊交流は中断されていた。そこで、後見人の家へ宿泊交流を行いながら自立に向けた方向性が検討され、後見人、児童相談所、弁護士、施設職員で協議が進められた。その後、働きながら定時制高校に通い、自立の見通しが立ったことで退所・自立した。

[ECBIの変化]

ECBI全項目得点は基礎調査時には177点であったが、追跡調査時には129点であり48点減少している。下位尺度得点では特に反抗行動得点が26点減っている（図3-23）。

得点の変化が目立った項目としては、「同じ年頃の友達と取っ組み合いの喧嘩をする」（項目26）が4点減少している。また、基礎調査時には11項目で7点（上限）がみられたが、追跡調査時にはすべて減少している（図3-24）。

[事例の考察]

14歳の時に両親を亡くし、生活が一変したことが児童の行動化に影響を及ぼしていると思われる。この事例では、関係者が協議しMを支えたことが特徴的である。社会的自立の見通しがついたことや、複数の関係者が多面的に児童を支援したことで児童の行動が安定した事例である。特に、関係者間の協議だけでなく、後見人による宿泊交流を通した情緒的な交流が行われたことは児童の予後によい影響をもたらすと思われる。

第 3 章　児童の行動と心理的変化

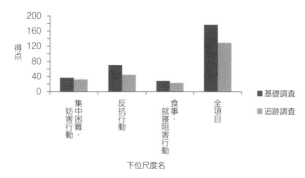

図 3-23　事例 3-12 の ECBI 下位尺度得点および全項目得点

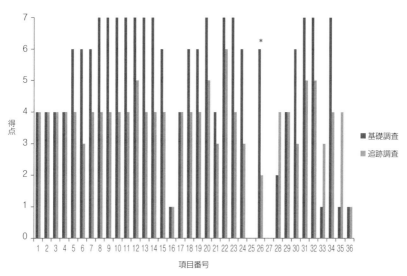

図 3-24　事例 3-12 の ECBI 項目別得点

事例 3-13：「一時帰宅の中断後に自立した N（18 歳男子）」

（ECBI 全項目得点：82 から 72 に減少）

［入所状況］

　両親の離婚、母親の入院のため、7 歳で施設 A に入所した。父親とは音信不通であった。

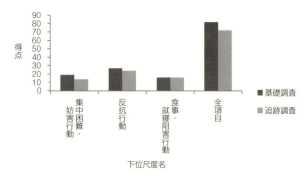

図3-25　事例3-13のECBI下位尺度得点および全項目得点

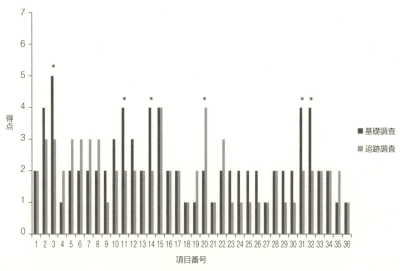

図3-26　事例3-13のECBI項目別得点

［基礎調査時の様子］
　年に数回母親宅へ一時帰宅されていたが、母親からの性的虐待が発覚し一時帰宅が中断された。

［追跡調査時の様子］
　退所前には母親が支援施設に入所しており、母子が共倒れにならないようにそれぞれの生活を優先していくことが課題となっていた。母親に対し

ては施設職員や児童相談所が継続して支えていた。Nは高校卒業と同時に退所し、社員寮のある会社に就職した。

[ECBIの変化]

　ECBI全項目得点は基礎調査時には82点であったが、追跡調査時には72点に減少している（図3-25）。得点の変化が目立った項目としては、「食事の時の行儀があまりよくない」（項目3）、「決められたことについて職員に文句を言う」（項目11）、「生意気である」（項目14）、「長い時間集中することができない」（項目31）、「何事も最後までやり遂げることができない」（項目32）の5項目において2点減少しているが、「物やおもちゃを大切にしない」（項目20）は2点増加している（図3-26）。

[アフターケア]

　施設職員がNに連絡をとり状況把握を行っている。また、Nが施設に訪問することもある。母親とは時々面会している様子である。施設に入所していた頃の宿泊交流先の家族と交流が続いている。

[事例の考察]

　母親からの性的虐待で一時帰宅が中断されたが、退所後には母親と面会しており、一定の関係性は継続されている。このように、退所してからも家族再統合プロセスが引き続き行われているため、退所後の家族再統合プロセスを追うことが重要である。また、施設を退所しても宿泊交流先との交流が続いており、母親だけでなく、宿泊交流を通した家族以外の家庭との良好な関係が築かれていることは大変意義のある事例である。退所後も宿泊交流が継続されているということは、それだけ宿泊交流先での体験が良好であったことが推測される。

3）里親・措置変更群の事例

事例3-14：「里親に委託されたO（7歳男子）」

　　　　　　　　　　　　　　（ECBI全項目得点：115から111に減少）

[入所状況]

　父親からの虐待、両親の離婚、若年の母親の就労のため、乳児院を経て2歳の時に施設Aに入所した。

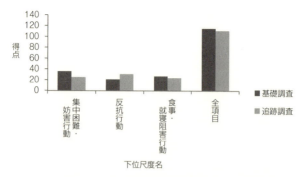

図 3-27　事例 3-14 の ECBI 下位尺度得点および全項目得点

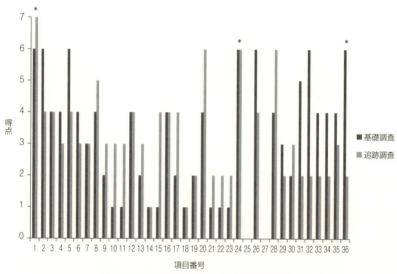

図 3-28　事例 3-14 の ECBI 項目別得点

［基礎調査時の様子］
　母親の養育力が乏しく、Oへの関心も薄い状況が続いた。
［追跡調査時の様子］
　退所前には母親宅へ年に数回一時帰宅を行っていた。しかし、十分に受けとめてくれない母親の現実を知ることでOが不安定になり、一時帰宅が中断された。施設職員は母親にOの声を聴かせ、Oの作品を送ることで親

118

第3章　児童の行動と心理的変化

としての自覚が芽生えつつあったが、母親の養育力や母親の家庭復帰の意志が弱いことで里親に託されることになった。

[ECBIの変化]

ECBI全項目得点は基礎調査時には115点であったが、追跡調査時には111点であり、4点であるが減少している。下位尺度得点では特に集中困難・妨害行動得点が減っている。しかし、反抗行動得点は10点増加している（図3-27）。

得点の変化が目立った項目としては、「おねしょをする」（項目36）が4点減少しており、「おねしょ」（夜尿）がほぼ改善されている。しかし、「着替えるのにぐずぐずと時間がかかる」（項目1）や「同じ年頃の友達と口喧嘩をする」（項目24）については改善されていない（図3-28）。

[アフターケア]

退所後のアフターケアを行う中での里親からの情報として、里親に託された3ヶ月は問題行動がみられたものの、9ヶ月を過ぎてからは行動が安定している。施設職員は電話連絡、里親訪問などを行いながら経過観察している。なお、実親と児童との関係性に関する情報は本研究では得られていない。

[事例の考察]

施設職員が母親へのさまざまなアプローチを試みたが、結果的には里親委託された事例である。特に、一時帰宅が実施されていただけに里親委託の判断は難しかったと思われる。一時帰宅を中断したことで夜尿がほぼ改善されていることから、母子の不安定な関係が夜尿を引き起こしていたことが考えられる。「着替えるのにぐずぐずと時間がかかる」という内容が改善されていないことから、施設職員に安心して甘えられていたことが考えられる。退所後3ヶ月間は里親宅で問題行動がみられており、里親の家族を試す行動であったことが推測される。しかし、里親が児童の行動を受けとめたことで、その後は行動が安定したと思われる。里親委託後も里親宅と実母との交流は可能であるため、里親を介した家族再統合プロセスを追う必要がある。

119

事例 3-15：「施設のルールが守れず措置変更された P（13 歳男子）」

（ECBI 全項目得点：173 から 121 に減少）

［入所状況］

　父親の行方不明、母親のネグレクトのため、施設 A に入所した。

［基礎調査時の様子］

　母親宅へ不定期で一時帰宅していたが、母親の身勝手な行動によるマイナス面（たとえば、一時帰宅の送迎時に施設の生活空間に無断で入り込む）が大きかった。

［追跡調査時の様子］

　退所前には母親宅への一時帰宅は中断され、面会のみに制限されていたとのことである。また、P の問題行動は治まらず、母親の身勝手な言動も相変わらずであった。問題行動としては一時期に比べて減少傾向ではあるものの、他の児童への暴力や性的逸脱がみられ、威圧的な態度をとり他の児童が苦しんでいた。そのため、P は児童自立支援施設に措置変更された。

［ECBI の変化］

　ECBI 全項目得点は基礎調査時には 173 点であったが、追跡調査時には 121 点であり、52 点減少している。下位尺度得点では特に反抗行動得点は 25 点減っている（図 3-29）。

　得点の変化が目立った項目としては、「約束を守らない」（項目 8）が 5 点減少し、「物やおもちゃを壊す」（項目 19）、「物やおもちゃを大切にしない」（項目 20）、「たえず注意を引こうとする」（項目 28）が 4 点減少している。基礎調査時には 7 点（上限）が 11 項目みられたが、追跡調査時にはすべて減少している（図 3-30）。

［アフターケア］

　退所後のアフターケアは定期的に行われており、中学校の卒業式に施設職員が出席し、P と再会している。児童自立支援施設から高校に通学し、安定した施設生活を送っている。

［事例の考察］

　児童の問題行動だけでなく、母親の身勝手な行動が目立った事例である。一時帰宅のマイナス面が大きかったという報告があるように、P が一時帰

第 3 章　児童の行動と心理的変化

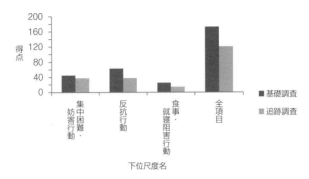

図 3-29　事例 3-15 の ECBI 下位尺度得点および全項目得点

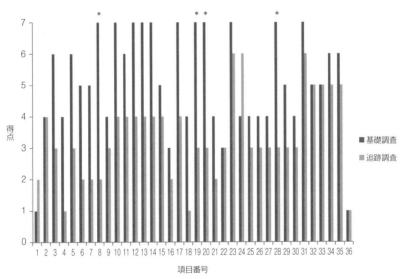

図 3-30　事例 3-15 の ECBI 項目別得点

宅先での母親に同一化し、母親の行動を模倣することで施設内での問題行動として表面化していたことが考えられる。一時帰宅を中断した後にはECBI得点が下がっているため、母親との接触を制限することが影響していると推測される。

　ECBI得点は減少しているものの施設内での問題は改善されず、結果的に児童自立支援施設に措置変更された。より規律的な環境に移ったことで

生活が安定していることが考えられる。本事例は、Pを措置変更せざるを
得ない状況にまで児童の行動が問題となっており、児童養護施設の集団生
活での支援の限界について考えさせられる事例である。

5. 考　察

(1) 個別事例を通した一時帰宅の意味について

　15事例を通して、一時帰宅が家族再統合プロセスに大きな影響を及ぼ
していることが示された。特に、一時帰宅は児童の行動に影響を及ぼして
いることが考えられ、児童の行動の背景にある心理的変化が特徴的に導き
出されていると思われる。たとえば、一時帰宅中断群の事例からは、一時
帰宅の中断が児童の行動を悪化させていることが考えられる。また両親の
別居により双方の家に一時帰宅していた児童が、一時帰宅先を制限するこ
とで児童の行動の安定につながっている事例もある。児童が一時帰宅をめ
ぐる不安や葛藤を言語化できるか、親の事情を理解できる年齢であるかと
いったことも、児童の行動に影響を及ぼすことが考えられる。一時帰宅を
通して、親側にも心理的変化がみられるケースが示された。施設職員が親
の心理や葛藤を受けとめることで、親と施設職員との相互作用を深めるこ
とになると思われる。そのような施設職員の関わりが、家族再統合をよい
方向に向かわせることが予測される。

　研究2の考察では、継続入所児童は退所する児童を見送る機会が増える
ことで将来への不安が生じることや、一時帰宅の中断は親に対するネガ
ティブな感情が高まるといった心理的変化について検討した。また、親の
再婚で新たな家族を迎え入れる場合は、一時帰宅を通して新しい家族との
統合に伴う心理的変化が生じることに触れた。社会的自立群や里親・措置
変更群は生活環境の変化により緊張や不安が高まるといった心理的変化も
論じてきた。研究3では個別事例を通して検討することで、研究2で検討
された児童の心理的変化についてさらに理解を深めることができたと思わ
れる。

第 3 章　児童の行動と心理的変化

(2) 継続入所児童の個別事例について

　研究 2 では継続入所児童は反抗行動が高まりやすく、将来への不安が喚起されやすいことを指摘した。今回取り上げた個別事例では事例によってECBI得点の増減がさまざまであったが、事例内容をみてみると入所が長期化し早期の家庭復帰が見込めず、将来の不安が高まりやすい内容が多くみられた。そのため、児童の不安が衝動的な行動として表出されるのではなく、児童自身が不安に対処できるように自己制御力を育てていくことが、児童の心理的成長につながるであろう。

　一時帰宅維持群では、児童と親との関係が少しずつ変化していることが示された。事例 3-1 では、思春期に入る姉が父親を拒否することで父親の関心が弟へ移り、一時帰宅中に物を買い与えることで弟を引き寄せるといった関わりがみられた。きょうだいがいる場合には一時帰宅をめぐる親ときょうだいとの関係性にも着目する必要がある。ECBI得点では集中困難・妨害行動得点が 16 点増加しており、一時帰宅先での不安定な関わりが影響していることも考えられる。事例 3-2 では別居中の父親宅と母親宅を行き来するというような不安定な一時帰宅がみられたが、その後父親宅への一時帰宅だけに限定し、母親とは面会を行うようにしたことで児童の行動が安定している。ECBI全項目得点が 104 点も減少していることから、児童の行動の変容は一時帰宅先を適切な場所に限定することによってもたらされることもあることを示している。

　一時帰宅中断群では、事例 3-3 のように母親の拘禁で定期的な一時帰宅が突然中断し、きょうだいともにECBI全項目得点が増加した。また、集中困難・妨害行動得点では 12 点増加していた。施設Aではきょうだいが同じ寮で生活している場合が多いため、きょうだい間が親密であるほど一時帰宅がきょうだいに与える影響も大きいと思われる。施設職員がきょうだいにどのように対応し、どのようなことが問題となりやすいかなどの詳細の分析が今後の検討課題である。

　事例 3-4 では、家庭復帰が検討されている最中に父親が再拘禁されたことで一時帰宅が中断された。可愛がってくれた祖母も死亡し、追跡調査時は失望の時期であった。しかし、ECBI全項目得点が増加しなかったのは、

今回2度目の拘禁であり、児童も精神的に成長し父親の現状を受けとめられるようになってきていることも考えられる。しかし、他の児童へのからかいや口喧嘩などの得点は高得点であったため、施設職員に自分の感情を表現できていないことも考えられる。親へのネガティブな感情が他の児童への攻撃性として表出されていることも想定されるため、個別での対応を通して感情を言葉で表現できるように働きかけることが重要であろう。その際には児童の感情を受けとめつつ、親へのポジティブな感情についても扱っていくことが家族再統合に向けた支援となる。他の児童への攻撃性を避け、適切に言語化できるような自己制御力の形成が児童の心理的成長を助けるであろう。

　一時帰宅開始群の事例3-5と事例3-6では、2事例とも母親の再婚を機に一時帰宅が開始された。いずれも一時帰宅の開始により児童の行動は落ち着いているが、事例3-5では一時帰宅先で「家事の手伝い」をするなど新たな家族に適応しようとする姿勢がみられ、家庭復帰の期待が高まることが予測される。事例3-6では「無気力さや一人遊び」が目立っており、同棲相手がいることで児童が母親を独占することができないことも児童の心理的変化をもたらしていると思われる。親が同棲したことで生活環境が安定し、母親が心理的にゆとりをもつことも一時帰宅の再開の要因となるであろう。親の生活環境の安定や心理的安定が家庭復帰の前提となることもあるため、親を安定させるための関わりが期待される。

　児童は家庭環境の変化に対してどのような思いを抱くのであろうか。研究2の考察で指摘したように、親が新たな家族を迎え入れる場合は親子関係に変化が起こり、児童にさまざまな心理的葛藤や緊張が生じることを述べた。親の生活環境が安定したことで一時帰宅の頻度が増加し、親が児童の家庭復帰を強く求めることもあろう。しかし、児童が新たな家族に馴染めない場合は、家庭復帰したとしても家庭内での孤立や問題行動などを引き起こすことも推測される。そのため、家庭環境の変化により一時帰宅が再開される場合は、児童の心理的変化に施設職員や心理職が十分に目を向けることが重要であろう。

　一時帰宅なし群の両親の行方不明により施設Aに入所した事例3-7では、

ECBI全項目得点が増加していた。盗み、暴力、小学校での授業妨害など がみられる難しい事例であるため、心理職も含めたチームでの支援が必要 である。児童が入所した時から両親の迎えを待っていることが考えられる が、9歳になると自分のおかれた状況が理解できるようになることで、将 来への不安をより高めるといった心理的変化が起こりうることが考えられ る。

　一時帰宅が難しい場合でも、事例3-8では祖父母宅で母親と面会するこ とで児童の行動が安定し、特に注意を引こうとする行動がほぼ改善されて いた。家族再統合プロセスにおいて定期的な一時帰宅だけが望ましいとい うわけではなく、安定した良質の親族宅への宿泊交流を用いたさまざまな 形の家族再統合プロセスの可能性が示唆された。

(3) 退所児童の個別事例について

　家庭復帰群では、事例3-9では毎週一時帰宅を繰り返すことで父親に心 理的な変化がみられた。一時帰宅が繰り返され施設職員との信頼関係が深 まったことで、地域の家庭支援機関を紹介し家庭復帰に向けたアプローチ が可能になったと思われる。退所後も家庭訪問を通してアフターケアが行 われており、理想的な形で支援が進んでいることからモデルケースである と思われる。

　事例3-10ではECBI下位尺度の反抗行動得点が20点減少したが、一時 帰宅時に父子で地域の野球チームで活動する様子がみられた。この事例で は、地域活動に参加したことにより父子関係を促進するきっかけとなり、 児童の情緒的な安定をもたらしていることが考えられる。児童の心理的変 化だけでなく親の心理的変化もみられたことから、親側の心理的変化のプ ロセスに着目することも重要である。また、父子家庭のため父親が子育て のしやすいような公的支援の見直しにより、家族分離が回避できる可能性 もある。たとえば、現在父子家庭は対象外とされている児童扶養手当を受 けられるようにすることや、母子生活支援施設に準ずるような父子のため の生活支援施設の設置などが検討されるべきである。

　事例3-11では、施設生活のルールが守れないまま家庭復帰していた。

反抗行動得点も26点増加していたことから、施設職員の方針に沿わない家庭復帰は退所後にも親に対して反抗行動を起こすリスクも考えられる。また、親が家庭復帰を強く要望する事例（井出, 2004）ではなく、児童本人の家庭復帰の要望が強まった事例であるが、いずれも施設側の意向との差が大きいことは退所後のリスクを高めることが推測される。

　社会的自立群の事例3-12では、唯一の身内である祖父母宅で問題行動を起こし、児童自ら祖父母との関係性を閉ざしてしまった。しかし、後見人、児童相談所、弁護士、施設職員などの関係者間で協議し社会的自立の見通しが立ったことで、児童の反抗行動も26点減少した。この事例では、連携による支援が機能したことで児童の行動も安定したモデルケースであると思われる。研究2の考察で指摘したように、社会的自立群は生活環境が大きく変化するため、退所前に感情が抑制されるといった心理的変化が生じやすいことを述べた。しかし、この事例ではさまざまな関係者からの支えにより、感情の抑制だけではない心理的変化が起こったことが考えられる。施設職員を含めた複数の関係者との心理的な相互作用が、児童の心理的変化をもたらすことを示している。

　一時帰宅の中断後に自立した事例3-13では、不安定な母親を施設と児童相談所が支えたことで退所後も面会を通して母親と交流が行われている。この事例では家庭復帰していないものの、社会的自立してからも家族再統合の作業が進められていることを示している。また、退所後も宿泊交流先との交流が継続されていることから、宿泊交流先での体験がいかに良質なものであったことかがうかがえる。また、退所してからも続けられる宿泊交流は、家庭基盤の乏しい児童にとって心理的な支えになっていると思われる。退所後の宿泊交流を含めて引き続きアフターケアを行っていくことが望まれる。

　里親・措置変更群では、事例3-14のように一時帰宅を試みたものの母親の養育力や家庭復帰の意志が弱いことで、最終的には里親のもとに委託される事例が示された。基礎調査時に行われていた一時帰宅は追跡調査時には中断され、夜尿の問題はほぼ改善されていた。母親との不安定な関係が夜尿を引き起こしていたことも考えられるため、児童の生理的な変化に

第3章　児童の行動と心理的変化

も着目する必要があろう。里親委託後も実親との面会を通した家族再統合
が進められる可能性があるため、里親を介した家族再統合プロセスを追う
ことが重要である。また、家族再統合における里親の積極的な活用につい
て考えさせられる事例である。里親という新たな家族との統合がなされる
ことで、児童の家族イメージがポジティブな方向に向かうことが期待され
る。その中で、家族との距離をどう保つかといったことが重要な課題とな
ろう。

　事例3-15では、一時帰宅先で母親の勝手な言動があるといったマイナ
ス面により一時帰宅が中断した事例であった。また、施設でも児童の問題
行動により他の児童が苦しんでいたことで、児童自立支援施設への措置変
更がなされた。この事例では、児童が母親の行動を模倣することで、施設
の他の児童に影響を及ぼしていることも考えられる。追跡調査時には
ECBI全項目得点が減少しているが、性的逸脱行為や威圧的な態度などは
ECBIに反映されていないため、ECBIの限界として他のアセスメント に
よる状況把握が必要である。

(4) 個別事例を通した家族再統合プロセスについて

　研究3では、数値化されにくい家族再統合プロセスの内容が明らかに
なった。またECBIの全項目と併せて質的内容を示したことで、児童の心
理的変化についての理解が深まった。個別事例からも一時帰宅の中断は親
へのネガティブな感情を高めることが示唆されており、また親の再婚で新
たな家族との統合プロセスが進められる事例も示された。施設での生活が
長期化した児童にとって社会的自立は大きな生活の変化であり、それに伴
う緊張や不安が退所前に児童の感情を抑制していることが考えられる。施
設職員を含めた関係者からの支えにより行動が安定した事例もあるため、
退所に向けて児童と心理的な相互作用を深めていくことが重要となる。

　家庭復帰群の個々をみると、家庭復帰が良好である事例もあれば、順調
に家族再統合が進まない事例も確認された。家庭復帰が不調になることは、
児童の施設への再入所のリスクが高まる。そのため地域で支える支援シス
テムが重要であり、児童が家庭復帰した先の地域との支援体制が強化され

るべきである。研究2でも示されたように、退所後に施設側がアフターケアを行っているが、施設の退所後の対応には限界がある。そこで、施設や児童相談所だけでなく、地域の子ども家庭支援センターや学校、就職先などの地域機関と連携をとりながら家族支援を含めた方針を模索していくことで、退所後の支援体制が充実することが考えられる。

　児童は家族再統合プロセスを通して家族の現状を理解するようになり、児童の年齢や施設在所年数、発達段階に応じて心理的変化が起こりやすいと思われる。また、児童だけでなく、児童を理解しようとする姿勢や児童を受け入れようとする親の心理プロセスに着目することも重要である。親の心理的変化も含め、親子間の相互作用が家族再統合プロセスに重要であろう。また、家族再統合は退所後も続くプロセスであるため、地域の関係機関と連携をとりながら地域社会で家族を支えていく視点が必要である。

　次節では、研究2と研究3で示された情報を整理する。

Ⅲ　第3章のまとめ

　第3章では、追跡調査として研究2と研究3を行った。研究2では、基礎調査で対象となった児童97人の2年半後を追跡したところ、全体の68.0%の児童が施設に継続して入所しており、32.0%の児童が退所していた。約7割近くの児童が2年半後も継続入所している実情が示された。2年半後の経過の分類と児童の行動との関連では、継続入所児童は退所児童に比べてECBI下位尺度の反抗行動得点がわずかに高く、継続入所児童の行動変化をみると、追跡調査時のECBI下位尺度の反抗行動得点が基礎調査時と比べて有意に高かった。このことから、継続入所児童は退所児童を見送る機会が増えることで、将来への不安が生じるなどの心理的変化が反抗行動として表出することが考えられる。そのため、児童の不安を施設職員が受けとめる中で児童自身が不安への対処力を高めていくような支援の重要性を指摘した。そのような関わりの中で児童が自己制御力を促進させていくことが、家族再統合プロセスにおいて重要となる。

第3章　児童の行動と心理的変化

　継続入所児童の一時帰宅の経過を4群に類型化した上で検討したところ、統計的な有意差は確認されていないが一時帰宅中断群での群内比較では追跡調査時のECBI全項目得点が基礎調査時の得点に比べて高まっていた。一時帰宅中断群は、親に対するネガティブな感情が高まるといった心理的変化が生じていることが考えられる。そのため、親への感情を言語化させる一方で親の肯定的な感情も扱うような施設職員の関わりが、児童の感情の自己制御力を形成する支援になるであろう。

　一時帰宅維持群は統計的な有意差はみられなかったことから、児童の行動が比較的安定することを示している。また、一時帰宅開始群は全体的にECBI全項目得点が減少していたが、個別事例では親の再婚などで新たな家族を迎え入れる事例もみられた。新しい家族との統合に伴い、児童には親を独占できないといった心理的葛藤や、新たな家族と接する際に緊張が生じることも考えられる。そのため、一時帰宅が開始される際には家庭環境の変化に沿って児童の心理的変化を理解しながら家族再統合支援を進めていくことが重要となる。

　退所児童の3つの類型化を通した分析では、統計的に有意差はみられなかったが家庭復帰群のECBI全項目得点がわずかに減少しており、社会的自立群の得点は退所前に増加していた。このことから、社会的自立群は生活環境が急激に変化するため緊張や不安が高まり、退所前に感情が抑制されるといった心理的変化が生じることも考えられる。施設職員を含む関係機関からの支えにより行動が安定し退所に至った事例も示されたことから、退所後を見据えながらチームによる支援が重要となる。退所後のアフターケアとしては家庭復帰したとしても不登校や盗みの問題がみられる事例や、社会的自立群では就職先での不適応がみられるなどいくつかの課題が示された。

　個別事例の考察より、一時帰宅の経過や退所状況には事例ごとにさまざまな要因がみられ、経過や状況に応じて児童の心理的変化が生じ、それが行動として表面化する様子が浮き彫りになった。その行動と心理的変化のベクトルは、ECBI得点の増加は不適応行動と心理的不安定さの方向を示し、またECBI得点の減少は行動の改善、心理的安定方向への変動を示し

129

ている。この場合、不適応行動の指標となる項目、すなわち、ECBI得点の変動に関与する項目は、ECBI下位尺度の内容でもある集中困難・妨害行動、反抗行動、食事・就寝阻害行動であった。この下位尺度の内容をさらに整理すると、

1) 自己制御力の形成
2) 対人関係の形成
3) 生活習慣の形成

となる。

自己制御は、柏木（1988）によると状況に応じて自分の欲求や行動を適切に抑制する自己抑制と、自分の欲求や意思を明確に相手に示す自己主張の2つの側面があり、この2つの機能が相互に働くことで自己制御力が発達するという。

対人関係の形成では、他者との関わりでの失敗体験を日常的に体験することが多い場合、自尊心の低下などの情緒的な問題が生じるため、対人関係の発達を促す支援が重要となる（中村・小澤・飛永・遠矢・針塚, 2007）。

生活習慣の形成としては、親の生活習慣を模倣することで価値観や規範意識を高め、親子関係が良好であるほど児童が親をモデルとすることが指摘されている（安藤, 2006）。しかし、児童養護施設の入所児童の場合は生育歴の中で適切な生活習慣が身についていない場合や、一時帰宅先での生活習慣の不規則（研究2、表2-9）が課題として挙げられている。そのため、施設内で生活習慣を形成していくことが児童の発達や退所後の生活に大きく影響すると思われる。

これらの形成は家族システムや家族の再統合に基本的に関与するものであることが推測される。

研究2では退所児童の主な課題として、「児童の自己中心的な態度が改善されなかった」（家庭復帰群）、「児童の感情のコントロールが改善されなかった」（社会的自立群）といった自己制御力の問題や、「児童が就職した先での人間関係の悩みまで対応できなかった」（社会的自立群）といった

対人関係の問題が示されたが、これらは本来児童の育つべき力であり、児童養護施設でこれらをどのように育み、形成していくかが重要である。

　さて、このような状況において、家族再統合プロセスの流れの中で児童への心理的支援を行うことがますます重要になると思われる。児童養護施設では心理職の配置が推進されているが、家族再統合に向けた心理的支援としてどのような実践が可能であろうか。次章では、1事例の心理的支援を通して児童の行動を観察し、家族再統合プロセスにおける心理的支援を検討する。

第 4 章

児童への心理的支援に関する事例研究

Ⅰ 【研究 4】介入プログラムを用いた児童への心理的支援に関する 1 事例研究

Ⅱ 第 4 章のまとめ

Ⅰ 【研究4】介入プログラムを用いた児童への心理的支援に関する1事例研究

1. はじめに

　研究2と研究3では、家族再統合プロセスの類型化を通して各類型と児童の行動に違いがみられることを示し、児童の情動や感情が適切に言語化できないことで児童の行動化が引き起こされる可能性について指摘してきた。その他にも、被虐待体験のある児童の社会性の問題や思考の問題（坪井, 2005）、ネグレクトを受けた児童にみられるような他者と共感する能力の低下（奥山, 1999）が、家族を含めた他者との関係を築く妨げになっていることが考えられる。

　研究3の事例3-1で挙げた「表情が乏しく言語化が苦手なB（8歳男子）」は特に他者とのコミュニケーションに困難さを抱いており、一時帰宅を行っていても親子の情緒的な関わりが乏しいことが課題となっていた。このような事例では児童が施設内で楽しみながらコミュニケーションスキルを促す支援を行うことで他者との相互作用が深まり、親子関係にもよい影響をもたらすのではないかと思われる。

　児童養護施設では、これまでにも心理療法を中心とした個別支援が展開されはじめているが、児童のコミュニケーションスキルを向上させるための個別支援に関する議論は少ない。そのため、家族再統合の観点から児童養護施設の心理職が行う個別支援の1つとして、児童のコミュニケーションを促すための介入プログラムの実践が検討されるべきである。

　児童養護施設で介入プログラムを行うためには、倫理的な配慮としてクライエントに苦痛を与えないような手段を選ぶ必要がある（佐藤, 1987）。養護学校での実践研究（坂本・武藤・望月, 2003）では、子どもの自己決定に配慮した支援が試みられているが、生活の場としての児童養護施設でもプログラムに強制的に参加させるのではなく、児童がプログラムの参加を拒否できる環境を設定し、児童の意思を確認しながら進めていくことが重要である。また、自発的に参加できるように、児童の好みに合わせた場面

設定を行うことが重要である。児童がプログラムを楽しむことで情動表出が高まり、感情を伴った対人関係が形成されると思われる。

そこで、選択場面を設定し児童の意思を確認しながら自発的にプログラムに参加できる方法に注目したい。これまでの先行研究では、課題の選択場面を設定することで課題従事行動を高めることが示唆されている(Dattilo & Rusch, 1985; Dunlap, dePerczel, Clarke, Wilson, Wright, White & Gomez, 1994; Moes, 1998; 村中・藤原・小林, 2001; Realon, Favell & Lowerre, 1990)。また、児童が好む課題を用いることで、課題従事行動を高めるといった報告(Morrison & Rosales-Ruiz, 1997)もある。重度知的障害児に対する行動分析学に基づいた介入(平澤・藤原, 2002)では、指導場面そのものが問題行動を引き起こしやすいことを指摘しており、選択場面の設定により問題行動が減少したことを示している。

行動分析学的な介入により選択場面を設定することや好みの課題を用いるプログラムを実施することで、児童のプログラムへの自発性や児童の問題行動の増減をより詳細に検討することが可能になると思われる。また、児童が自発的にプログラムに参加しながら、児童のコミュニケーションを促進させるような心理的支援が可能であるか論じる必要がある。

2. 目 的

家族再統合の観点から心理的支援としてどのような実践が可能であろうか。研究4では、研究3で挙げた事例3-1の児童Bに着目し、行動分析学に基づいた介入プログラムの実践を通して、児童の行動観察を中心とする1事例研究（single-case study）を行う。まず、プログラムにおいて選択機会の有無や児童が好むような課題の有無などの条件設定によって、児童のプログラムへの自発的な参加が高まるかどうかを検討する。つぎに、各条件に応じた児童の行動の変化や情動の変化を含めた心理的変化を捉えるために、児童のより詳細な行動を分析する。そして、プログラム導入前後の児童の変化を含め、児童養護施設における介入プログラムの意義や施設心理職の役割、家族再統合プロセスの観点からの介入プログラムの有効性について考察する。

3. 対象と方法

(1) 事例の概要

　対象となった児童は、研究3の事例3-1で示した一時帰宅維持群のB（8歳男子）である。Bは出生してまもなく乳児院に預けられ、2歳時に施設Aに入所した。入所当初は要求行動の少ない目立たない児童であったと担当職員から聞いている。

　基礎調査時の様子として一人遊びを好み、他者との交流を自発的に行うことはほとんどなかった。また、自分の気持ちを適切に言語化できず、意思表示が明確にできないことが課題となっていた。

　追跡調査時には、父親宅への一時帰宅は不定期の実施であった。一時帰宅先ではTVゲーム中心の生活となっており、父親はBに物を買い与えることで関心を引こうとしている様子であった。

　ECBI全項目得点は基礎調査では85点であったが、追跡調査では114点に増加している。下位尺度では、集中困難・妨害行動得点が16点増えている。特に得点が高まった項目は、以下の通りである。

　　項目31：「長い時間集中することができない」
　　項目32：「何事も最後までやり遂げることができない」
　　項目34：「1つのことに集中することが難しい」

(2) 介入プログラムを導入するまでの経緯

　施設Aにて筆者が施設行事の集団場面を観察していたところ、Bが周囲からの注目を受けられないためか自らの手で自分の首を絞めるといった行動が確認された。しかし、そのような行為をしても周囲からの注目は得られず、その後も集団から離れて一人遊びを行っている様子が観察された。

　このような行動を観察した後、筆者はBを担当する複数の施設職員に聞き取りを行い、Bの首を絞める行動については日常では施設職員により観察されておらず、一時的な行動である可能性が高いことがわかった。しかし、担当職員4人に対し聞き取りを行う過程で、Bが施設内の集団生活で他の児童に比べて周囲からの注目が得られにくいことが確認され、個別支

第4章　児童への心理的支援に関する事例研究

援が必要な児童と判断された。また、一時帰宅するもののBの行動は落ち着かず、父親との不適切なコミュニケーションが懸念されていた。このような情報共有を進めていたところ、後日施設職員から筆者に対しBへの個別支援の依頼があった。

施設Aでは、筆者を含めた複数の心理職により遊戯療法を中心とした個別支援が実施されていた。しかし、遊戯療法は長期化しやすいため、家庭復帰の可能性のあるBにはコミュニケーションスキルの向上のための個別支援が優先されると心理職チームでは判断した。そのため、児童養護施設に適したコミュニケーションスキルプログラムの検討を行うことも視野に入れ、行動分析学に基づいた個別支援の導入について筆者を中心に計画した。

今回のプログラムについては、施設職員による協議を経て施設長からの承諾を得た。また、プログラムを行うことについては、担当職員を通して父親に承諾を得た。そして、担当職員がBに対して今回のプログラムについて説明し、本人の意思を確認した上で開始された。

画像や記録などのデータの取り扱いの管理には十分気をつけ、記録上では個人や施設が特定されないように倫理的な配慮を行った。また、Bがプログラムへの参加を拒否するような場面がみられた場合、プログラムを中止することを担当職員と確認した。

(3) 期間と個別支援場面

期間は追跡調査を終えた後の2007年7月上旬から2007年12月中旬にかけて行った。プログラムの1セッションごとの実施間隔として、児童や施設の事情により2～3日間隔で行う時期と1週間間隔で行う時期が混在した。また、児童の負担を考え、同じ日に2セッション以上を行うことはなかった。また、1セッションは1時間以内とした。

個別支援は施設Aの敷地内にある心理室の一室（6畳）で行い、筆者（男性）（以下、スタッフとする）と助手（女性）（以下、助手とする）1人の計2人が支援を行った。助手はBの視界に入りにくい位置に着席し、スタッフのやや後方に待機しながらスタッフに使用道具を受け渡す作業など

137

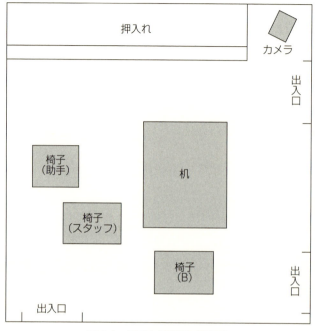

図 4-1　個別支援場面の配置図

を行った。室内にはBの背の高さに合わせた机1つと椅子3つを設置した（図4-1）。

　支援のための材料として、「SSTボードゲーム」（本田・鈴村, 2006）のセット、筆者が作成した「遂行カード」と「遂行拒否カード」、キャラクターシール、シール台紙を用意した。

　「SSTボードゲーム」とは、すごろく方式でサイコロを振りながらマスを進めるボードゲームである。今回は、小学校1年生から3年生を対象とした「なかよしチャレンジ」版を用いた。これは、サイコロを振り、各マスの指示に応じて質問カードを1枚引き、質問文に回答したのち再びサイコロを振って進めていく形式である。質問カードは、児童が日常体験している「ストレスマネージメント」「アサーション」「助けを求める」「対立解消」の4種類の内容に分かれており、全200枚のカードで構成されている。質問カードにはトラブル場面が短い文章で書かれており、その文章の

下に問題解決のための回答が3つの選択肢で示している。

質問カードの一例として、「となりの子がつくえをガタガタさせるので、気になってしかたありません。どうしますか?」という質問文が表に書かれ、裏側には1) どうしたのか聞いてみる、2)「うるさいからやめろ」と言う、3) 少しつくえをはなして、気にならないようにしてみる、の3つの選択肢が記述されている。

「遂行カード」と「遂行拒否カード」は、つぎの課題を行うかプログラムを中止するかの児童の意思を明確にするための2枚のカードである。「遂行カード」は赤い文字で「やる」と書かれており、「遂行拒否カード」は青い文字で「やらない」と書かれている。これらは、児童がプログラムへの自発的参加の意思を確認するためのものであり、児童がプログラムを強制されることを避けるための配慮でもある。

Bの行動観察にはデジタルビデオカメラを用い、Bが気にならない場所に三脚で固定して録画した。

(4) 手続き

介入プログラムでは、ベースライン、介入1、介入2、フォローアップからなるABCAデザインを実施し、行動間多層ベースラインデザインと基準変更デザインを組み合わせて用いた。

ABCAデザインとは、ベースライン（A条件）で対象者の行動レベルがどの程度であるかを測り、プログラムの介入前の行動の状態を測定する。そして、B条件でプログラムを導入し、ある介入を行う。さらに、B条件の介入で行動の改善が十分にみられなかった場合、C条件として新たな介入を行う。そして、再びA条件に戻し、介入の効果を確かめる手続きのことである。

行動間多層ベースラインデザインとは、同じ場面でひとりの人の複数の行動を対象にして分析する方法である（服巻・島宗, 2005）。基準変更デザインとは、強化の基準を段階的に変化させることによって、子どもの行動レベルが徐々にそして系統的に増加あるいは減少するかどうかを査定するのに用いられる（霜田, 2003）。

1) ベースライン（カード教示条件）

　ベースラインでは質問カードのみを扱ったカード教示条件とした。はじめにBを椅子に座らせ「質問に答えてください」と伝えた。そして、スタッフがBの机上に質問カードを1枚提示し、トラブル場面の文章と問題解決のための3つの選択肢を読み上げた。Bが選択肢から1つ回答を選択したのち回答を選択した理由を尋ね、スタッフはBに「なるほど」と短く返答した。その後、質問カードを片づけると同時に「遂行カード」と「遂行拒否カード」を机上に提示し、「つぎの質問をやりますか、やりませんか」と尋ねた。Bが「遂行カード」の上に指を乗せるか「やる」と答えた場合、スタッフが「わかりました」と伝え新たな質問カードを提示した。質問カードの遂行は最大10枚とし、「遂行カード」を9回選択した時点で終了とした。なお、提示する質問カードはスタッフがランダムに選んだ。「遂行拒否カード」の上に指を乗せるか「やらない」と答えた場合はスタッフが「わかりました」と伝え、その日のプログラムは終了となった。

2) 介入1（トークン条件）

　介入1では、SSTボードゲームとトークン・エコノミー（token economy）法を用いたトークン条件とした。

　トークン・エコノミー法は、特定の行動の自発と維持に効果的な技法とされている（Ayllon, 1999）。加藤・大石（2004）によると、トークンとはプリペイドカードや連絡帳などに貼り付けられるシールなど、代替的な価値（貨幣）を有するものと説明している。また、トークンを対象者の特定の行動に随伴して与えることで、適切な行動の生起率を高め、また不適切な行動を減少させることができるという。そして、対象者は一定の基準に応じて入手したトークンの量により、本人の好むさまざまな物や活動などの「バックアップ強化刺激」と交換ができる仕組みになっている。

　介入1ではBに椅子に座ってもらい、Bの目の前の机にSSTボードゲームを設置した。「トークン条件」では、ボード上にある「スタート」の枠から開始し、Bがサイコロを振りサイコロの目の数に合わせてコマを進めた。そして、コマの下の枠に示されている質問カードの種類をめくり、

カードに書かれた質問文と問題解決のための3つの選択肢をスタッフが読み上げた。Bが選択肢から1つ回答を選択し、その回答を選択した理由を尋ねた。

Bが回答した直後にスタッフが「よく考えて答えましたね」という賞賛を与えた。同時に、手が入れられるように穴が開けられた箱の中から、Bがキャラクターシール（トークン）を取り出し、そのシールを台紙に貼り付けることが許された。その後、スタッフが「遂行カード」と「遂行拒否カード」を提示し、「つぎのクイズをやりますか、やりませんか」と伝えた。Bが「遂行カード」を選択した場合は、サイコロを振ってつぎのコマに進めた。また、バックアップ強化刺激として、シール台紙にシールが3枚貼り付けられるたびに好きなシールを選ぶことができるようにした。質問カードの遂行は最大10枚とし、「遂行カード」を9回選択した時点で終了とした。「遂行拒否カード」を選択した場合は「わかりました」と伝え、その日のプログラムは終了とした。なお、シールやシール台紙は持ち帰ることができず、スタッフが保管した。

3) 介入2（トークン＋ルール条件）

介入2はSSTボードゲームを用いたトークン条件にルールを加えたトークン＋ルール条件とした。ここでは、Bに椅子に座ってもらった後、SSTボードゲームを開始する前にルールが書かれた「ルール表」をBの目の前に提示し、スタッフが読み上げた。そこには、1）きちんとした姿勢で座る、2）よく考えて答える、3）1分間でシールを貼る、の3つのルールがひらがなで表記された。ルール表を読み上げた後は、介入1と同様の手続きで開始した。

ルールが守れている場合は、質問カードの遂行の3回ごとに、シールを台紙に貼り付ける代わりに持ち帰り可能なシールが1枚手渡された。なお、手渡される際には、スタッフから他の児童にシールを自慢しないよう伝えられ、その日のプログラムが終了するまでスタッフが一時的にシールを預かった。

4）フォローアップ（事後観察）

　フォローアップでは、介入1と同じ手続きでカード教示条件として質問カードの提示のみで進められた。

(5) 分析方法

　分析方法として、デジタルビデオカメラで録画されたBの行動の映像を視聴し観察した。まず、児童の自発的な課題遂行を明らかにするために、「遂行カード」の選択回数を観察し記録用紙に記入した。つぎに、児童の行動の変化や情動的な変化について明らかにするため、不適切な着席、離席、アイコンタクト（eye contact）、ほほえみ（smiling）、の4つの行動についてインターバル記録法の1つである部分時間間隔記録法を用いて記録と集計を行った。

　部分時間間隔記録法では1つのインターバルの長さを15秒間とし、15秒の間隔の間で一瞬でも行動が観察されたらチェックを入れ、チェックした数を「行動が生起したインターバル数」とした。観察時間はBが着席と同時に測定を開始し、介入プログラムが終了しBが離席した時点で測定終了とした。そして、行動の生起率をつぎの式で計算した。

　　行動の生起率（%）＝　行動が生起したインターバル数　÷

　　　　　　　　　　　総インターバル数　×　100

　なお、不適切な着席の定義として「机に足を乗せる、椅子を逆向きにして座る、背中を後ろにそらすなどの行動パターンを不適切な着席」とした。また、離席は椅子から尻が離れ、両足が床についた時点で離席とみなした。アイコンタクト（eye contact）の定義として、「二者間で互いに相手の目に意識的な視線を向け見つめあう状態」とし、Bとスタッフの視線が合った瞬間を測定した。また、ほほえみ（smiling）の定義として、「口はわずかに開き口の端が上がっており、唇から歯の一部がみえ、それに伴い情動が表出されている状態」とした。

(6) 信頼性の検討

第一観察者（筆者）と、研究目的を知らない第二観察者1人がそれぞれ独立して録画映像を視聴し、観察者間の一致率を算出した。全セッションを対象とし、行動別につぎの式で計算した。

$$観察者間の一致率（\%）= 2 人の観察者の記録が一致した評定数 \div 全評定数 \times 100$$

4. 結 果

(1) プログラムの経過

プログラム全体の経過として、SSTボードゲームとトークン・エコノミー法を用いた介入1（トークン条件）ではプログラムへの参加頻度が高く、自発的に課題に取り組む様子がみられた。介入1では68%の参加率であったが、不適切な着席行動や離席行動が確認された。そこで、トークンにルール条件を加えた介入2では参加率は100%であり、制限時間までプログラムの遂行を選択した。また、不適切な着席行動や離席行動は減少したが、ほほえみ行動はほとんどみられなかった。

児童の発語としてはベースラインではスタッフの問いかけにも「わかんない」といった短い言葉を発することが多かったが、介入1では「ずっと（続けて）やる！」「（質問の）すべてにまよう」といった発言が目立ち、介入2では「たぶんできる」というBの発言に対して「何ができるの？」と尋ねたところ、「速く走れる」といった質問カードを介した会話が成り立つ場面が増えた。ベースラインやフォローアップよりも、介入条件のほうが情動の伴った発語が目立った。

(2) 行動観察の信頼性

第一観察者と第二観察者による観察者間の一致率を算出した結果、プログラムへの参加率（「遂行カード」の選択率）の一致率は平均100%、不適切な着席行動の一致率は99.9%、離席行動の一致率は99.7%、アイコンタクトの一致率は98.3%、ほほえみの一致率は96.6%であった。よって、

データの信頼性は高いといえる。

(3) 行動の生起率について

1) プログラムへの参加率 (「遂行カード」の選択率)

　プログラムへの参加率 (「遂行カード」の選択率) を図 4-2 に示した。な
お、縦軸は「遂行カード」の選択率 (%)、横軸はセッション (回数) とし
た。まず、ベースラインでの平均選択率は 8.3% ($SD = 9.2$) であった。介
入 1 での平均選択率は 68.9% ($SD = 40.6$)、介入 2 での平均選択率は 100%
($SD = 0.0$) であった。フォローアップでの平均選択率は 5.5% ($SD = 5.5$)
であった。

　全体的に、ベースラインよりも介入期に選択率が増加しており、介入 2
では 100% の選択率であった。ベースラインに比べて介入 1 では 60.6 ポイ
ント増加し、介入 2 では 91.7 ポイント増加した。フォローアップでは選
択率が減少したことで、介入期によるトークンの有効性が確認された。ま
た、介入 2 において選択率が 100% であったことから、トークン条件に
ルール条件を加えることによるプログラムの参加率の安定が確認された。

2) 不適切な着席行動の生起率

　不適切な着席行動の生起率を図 4-3 に示した。なお、縦軸は生起率
(%)、横軸はセッション (回数) とした。

　ベースラインでの平均生起率は 32.6% ($SD = 24.6$) であった。また、介
入 1 での平均生起率は 15.6% ($SD = 18.1$)、介入 2 での平均生起率は 3.8%
($SD = 2.2$) であった。フォローアップでの平均生起率は 0% ($SD = 0.0$)
であった。

　ベースラインでは不適切な着席が目立ったが、介入期では減少し、介入
2 では 3.8% と減少した。介入 1 ではベースラインよりも 17 ポイント減少
し、介入 2 では 28.8 ポイント減少した。さらに、フォローアップでは不
適切な着席がみられなかった。また、標準偏差をみると介入 1 ($SD =$
18.1) よりも介入 2 ($SD = 2.2$) のほうがばらつきは少ないことが明らかに
なった。

第 4 章　児童への心理的支援に関する事例研究

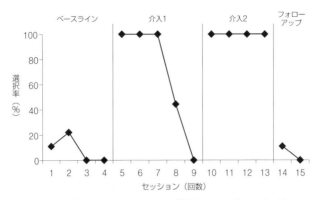

図 4-2　プログラムへの参加率（「遂行カード」の選択率）

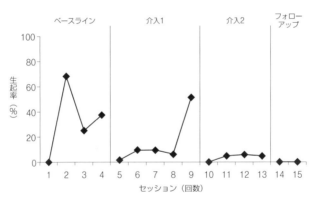

図 4-3　不適切な着席の生起率

3）離席行動の生起率

　離席行動の生起率を図 4-4 に示した。なお、縦軸は生起率（%）、横軸はセッション（回数）とした。

　ベースラインでの平均生起率は 0%（$SD = 0.0$）であった。また、介入 1 での平均生起率は 10.0%（$SD = 10.0$）、介入 2 での平均生起率は 2.2%（$SD = 0.8$）であった。フォローアップでの平均生起率は 0%（$SD = 0.0$）であった。ベースラインとフォローアップでは一度も離席行動が生起しなかったのに対し、介入 1 ではわずかに生起した。しかし、介入 2 では離席行動が

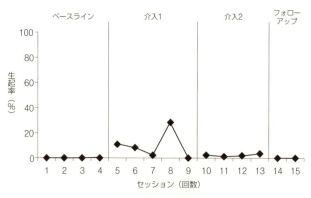

図4-4 離席の生起率

減少し、標準偏差をみるとばらつきも少なかった。全体的には、ルール条件を取り入れた介入2において、不適切な着席と離席が減少した結果となった。

4) アイコンタクトの生起率

アイコンタクトの生起率を図4-5に示した。なお、縦軸は生起率（％）を、横軸はセッションを示した。

ベースラインでの平均生起率は60.5%（$SD = 9.5$）であった。介入1での平均生起率は19.6%（$SD = 10.7$）、介入2での平均生起率は12.9%（$SD = 2.4$）であった。フォローアップでの平均生起率は17.9%（$SD = 17.9$）であった。介入1ではベースラインから40.9ポイント減少し、介入2では47.6ポイント減少した。そのため、介入期よりもベースラインにてアイコンタクトが生起することが確認された。

5) ほほえみの生起率

ほほえみの生起率を図4-6に示した。なお、縦軸は生起率（％）を、横軸はセッション（回数）を示した。

ベースラインでの平均生起率は18.8%（$SD = 32.5$）であった。介入1での平均生起率は25.6%（$SD = 13.9$）、介入2での平均生起率は4.4%（$SD =$

第 4 章　児童への心理的支援に関する事例研究

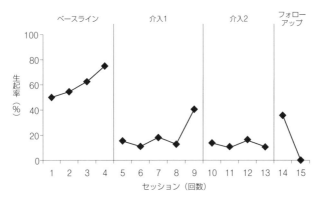

図 4-5　アイコンタクトの生起率

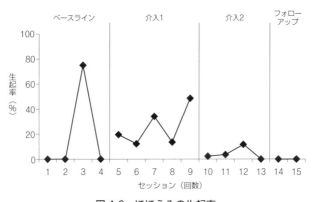

図 4-6　ほほえみの生起率

4.4)であった。フォローアップでの平均生起率は0％（$SD = 0.0$）であった。介入1ではベースラインから6.8ポイント増加した。しかし、介入2では14.4ポイント減少した。このことから、介入2ではベースラインや介入1に比べてほほえみが減少することが示された。

　これらのほほえみ行動は、スタッフとの対面状況で生起していた。

(4) プログラム終了後の様子

　プログラム（全15セッション）終了後の予後について担当職員から聞き

147

取りを行ったところ、施設生活ではこれまでは一人遊びが多かったが、複数の児童がトランプで遊んでいる場面に交わろうとする様子が観察されている。また、発話の頻度が増えており、担当職員はBの成長に驚いているという。今回のプログラムの後、Bへの特別支援教育の必要性が検討され、学校で個別指導を行うことになったという。父親との交流では定期的な一時帰宅が継続されており、情緒不安定な父親の様子はあまり変わっていないものの、Bは徐々に施設内で父親の話題を口にするようになっている。その内容は、たとえば一時帰宅先で父親とポータブルゲーム機で遊んだというような内容であり、「楽しかった」と表現しているとのことであった。以前は一時帰宅のことを尋ねても多くを語ろうとしなかったが、プログラム終了後は一時帰宅先までの交通手段を説明することもあれば、父親が作ってくれた夕食の様子を話すこともあり、少しずつ言語化できるようになっている。

5. 考 察

研究4では、研究3で示された事例3-1の児童を対象とし、個別支援場面での行動分析学に基づいた介入プログラムを行った。特に、言語化や他者との関係性を促すために、遊びの要素を取り入れながらトークン・エコノミー法を用いた介入プログラムを実施した。その結果、SSTボードゲームやトークンを用いた介入を行うことでプログラムに対する自発的な参加率が高まった。さらに、トークンに加えてルールを設けることで課題の遂行が安定した。ここでは、結果について考察を行い、介入プログラムを通した心理的変化を踏まえ、家族再統合の視点から考察する。

(1) プログラムへの参加について

介入プログラムにSSTボードゲームやトークンを活用することで、自発的な課題の遂行が促されることが示唆された。これは、トークンを用いることで課題に取り組む行動が強化されたことが考えられる。しかし、介入1では8セッション目には選択率が低下し、9セッション目には「遂行カード」の選択を行わなかった。この選択率の減少は、トークンが強化子

（好子）として機能しなくなったことが考えられる。しかし介入1ではルールを設けなかったことで不適切な着席行動および離席行動が生起しやすくなっていたことから、児童が場に慣れたことで不適切な行動が許されるような安心できる環境になったことも課題の遂行に影響していると思われる。

　介入2ではトークンにルール条件を加えることで自発的参加率が安定した。ルールを順守することで、スタッフからの賞賛を得たいという欲求を引き起こしていることが推測される。介入2ではキャラクターシールの一部を持ち帰ることを可能としていることから、代替強化刺激を用いることで選択率の安定につながっていることも考えられる。また、プログラムが構造化されていることで安心して参加することができ、セッションが進むことでスタッフとの信頼関係を築いていることも影響していると思われる。

　児童の自発性を尊重することは、児童養護施設において大変重要な意味をもつ。今回は「遂行カード」と「遂行拒否カード」を用いて介入プログラムを拒否できるような選択肢を設定したが、施設職員からの要求を拒否することで自分に不利益になるのではといった不安などが起こらないように、児童が拒否できる環境を施設内につくることも重要である。これは、一時帰宅や家庭復帰に対する児童の意思を尊重することにもつながるであろう。

(2) 不適切な着席行動について

　不適切な着席行動は、ベースラインでは約3割観察されたが、介入1では半減し、介入2ではほとんど観察されなかった。「遂行カード」の選択率と反比例していることから、トークンを用いることで不適切な行動が減少することが考えられる。さらに、トークンとルールを組み合わせることで不適切な行動が減少したが、ルールを順守するという枠組みを設定することでほどよい緊張が生じ、児童が課題に対して集中して取り組めたことが影響していると思われる。また、スタッフとの信頼関係が深まっていることも影響していると思われる。

(3) 離席行動について

　離席行動をみてみると、ベースラインでは生起しなかったものの、介入1では1割観察された。介入1ではボードゲームを進める上でサイコロをわざと遠くに放り投げることによる離席が目立った。そこで、介入2では「きちんとした姿勢で座る」というルールを設けたことで離席行動はほぼ改善された。フォローアップでは、不適切な着席行動も離席行動もみられなかった。これは、介入2において強化されたルール条件がフォローアップでも維持されていることが考えられる。

　このようにトークンの導入に加え、ルールを具体的に提示することで不適切な行動の生起が減少することが示された。しかし、今回実施した介入プログラムの遂行と不適切な行動との関連については、剰余変数の影響も含めながら慎重に検討を行う必要がある。たとえば、プログラムの開始前の時間にどう過ごしていたかがプログラム中の集中力や疲労度に影響を及ぼすことが考えられる。

(4) アイコンタクトについて

　アイコンタクトでは、ベースラインにおいて生起率が約6割であったのに対し、介入1では約2割、介入2では約1割に減少した。ベースラインでは質問カードのみの提示だったのに対し、介入期ではSSTボードゲームやトークンなど多くの刺激を提示したことで、スタッフよりも課題のほうに注意が向けられていた可能性がある。また、ベースラインでは慣れない場面設定で緊張し、スタッフに対して過敏に反応することでアイコンタクトの生起を高めていることも考えられる。これは、心理的虐待を受けた児童は他者の顔色をうかがうといった特徴（奥山, 1999）と関連する内容でもある。しかし、介入条件では生起率が減少しフォローアップでもベースラインと比べて生起率が低いことから、プログラムが楽しめていることやスタッフに慣れてきたことでスタッフに気を使わずに過ごせていることが推測される。

第 4 章　児童への心理的支援に関する事例研究

(5) ほほえみについて

ほほえみの生起率としては介入1において最も高く、介入2ではほとんど観察されなかった。介入1ではルールを明確化せず、楽しむことが優先された内容だったこともほほえみの生起に影響していると思われる。介入2ではルールを導入したことで、課題に対して熱心に取り組むことでほほえみが減少している可能性もある。

ベースラインの3セッション目ではほほえみの生起率が上昇している。これは、場面設定に慣れ児童の安心感やスタッフへの信頼がほほえみとして表出していることも考えられる。しかし、3セッションのみが突出していることから、剰余変数を含めた検討が必要である。

ほほえみの生起は、緊張や警戒感が高まることで生じることもある。そのため、ほほえみの生起が頻繁に起こることは必ずしもよいとはいえないと思われる。

(6) 介入プログラムを通した児童の心理的変化について

介入プログラムでは、介入2においてトークンとルールを組み合わせることで不適切な着席や離席が改善されたため、自己抑制されていることが考えられる。また、プログラム全体を通して「遂行カード」を用いることでプログラムの参加意思を明確に自己主張することが可能となった。介入前は一人遊びの多かったBが、介入後には他の児童と関わろうとする行動が確認されている。これらの自己抑制と自己主張は、柏木（1988）が述べている自己制御の2つの側面に該当する。今回の介入プログラムはBの自己制御力の促進に有効であり、B自身にも心理的変化を生み出していることが考えられる。

今回は介入プログラムのスタッフとして心理職が関わったが、プログラムを通した相互作用により対人関係が形成されることが考えられる。他者との関わりでの失敗体験が多い場合、自尊心の低下が指摘されている（中村・小澤・飛永・遠矢・針塚, 2007）が、B自身も一人遊びを好んでいたことから対人関係の失敗体験が積み重なっていたことが推測される。介入プログラムでは、心理職との対人関係を通してSSTボードゲームを用いて

151

賞賛やトークンを得ることができた。このようなプログラムは成功体験の積み重ねとなるであろう。介入プログラムを通してB自身の自尊心が高まり、介入後に他者への関心を高めるような心理的変化が生じていることも考えられる。

(7) 介入プログラムの有効性と課題について

　介入プログラムを通して各条件により児童の行動に変化がみられた。児童には遊びを取り入れることで緊張がほぐれることが考えられ、プログラムを強要せず拒否できるような配慮により安心感を与えるといった心理的変化が生じることが考えられる。また、介入プログラムを進める中でスタッフとの相互作用が深まり、児童とスタッフとの間で信頼関係を構築することによる児童への心理的影響が示された。

　今回はコミュニケーションスキル向上のためのプログラムを行いながら、児童の行動観察を通した行動アセスメントが可能であった。アセスメントの結果を施設職員と共有することにより、問題行動の背景を検討することで一貫した対応が可能となろう。これは、児童の心理状況や心理的変化を検討する上で意義があると思われる。今後は、プログラムの成果を家族再統合支援に活かしていくことが期待される。

　たとえば、介入プログラムで得られた児童の情報を父親にわかりやすく伝え、親子の関わりをともに検討することも重要である。今回の結果ではトークン条件に一定のルールを設けることでBの行動上の問題が減少した。一時帰宅では父親がBに物を買い与えることでBと関わろうとする様子が報告されたが、親がむやみに遊具を買い与えるのではなく、ある程度のルール（Bとの約束）を設けることが有効であると思われる。また、Bは TV ゲームを行うことが多いため、児童と父親のほほえみが生起するような情動表出が起こりやすいゲーム（たとえば「SST ボードゲーム」に類似したボードゲーム）を一時帰宅先で取り入れることで、一時帰宅先での体験の質が高まることも考えられる。

　今回は、介入プログラムの成果を施設職員と情報共有することができたが、父親が精神的に不安定なことから父親に対してフィードバックを行う

ことは困難であった。施設職員は精神疾患を抱える親への対応に苦慮しているため、親へのフィードバックの方法については今後の検討課題である。父親に対して介入プログラムのフィードバックを行い、児童との関わり方について検討することは、父親と施設側が支援チームを形成することにもなる。親からの協力が得られることで一時帰宅先での親子関係が改善されるのであれば、介入プログラムの実施が家族再統合プロセスにおける個別支援として意義があると思われる。

　本研究における課題としては、今回は1事例のみの実施だったことから、複数事例を対象とした検討や小集団に対する介入プログラムの効果を検討する必要もある。また、今回はバックアップ強化刺激としてキャラクターシールを持ち帰ることが許されたが、父親に電話で褒めてもらうといった家族関係が深まるような内容を検討することも課題である。

　本研究では、施設職員が気づきにくいBの行動を心理職が気にかけることでBの個別支援が検討され、介入プログラムの実施に至った。児童の行動の変化をもたらすには条件設定の他にもスタッフとの関係性が重要であることを指摘した。介入プログラム後にはBに対する支援が充実したことから、介入プログラムを通して施設職員と情報共有を行ったことで、施設職員の意識が高まったともいえる。また、介入プログラムで得られた情報を親に伝え、親が子育てに関心を高めるきっかけになることも期待される。介入プログラムの実践を家族再統合支援に活かしていくことが今後の課題である。

II　第4章のまとめ

　研究4では、研究3で示された事例3-1の児童を対象とし、心理職が行う心理的支援の実践として遊びの要素を取り入れながら介入プログラムを実施し、児童の行動を観察した。その結果、ボードゲームやトークン・エコノミー法を用いた介入を行うことで課題に対する自発的参加率が高まった。また、ほほえみやアイコンタクトといった情動の生起率が条件ととも

に変動することが示された。この児童Bが研究3の事例3-1で「表情が乏しく言語化が苦手」な児童であったことを想起してほしい。さらに、トークンにルール条件を加えることで課題の遂行が安定し、ルールを伴った介入により課題に集中することが示された。

　児童の行動の変容は他者との相互作用と文脈の中で生起しており、他者との良質な相互作用を行うことで、研究3で示された自己制御力の形成、対人関係の形成につながってくることが考えられる。自己制御力には自己抑制と自己主張の2つの側面が指摘されている（柏木, 1988）が、介入2では自己抑制が可能となり、全体を通してプログラムの参加の意思を自己主張することとなった。これらから、条件設定により自己制御力を促進させることが可能であることが示された。

　介入プログラムを通して心理職が児童の行動を直接観察することで、個別支援として関わりながら行動アセスメントを行うことが可能となる。また、介入プログラムの様子を施設職員や親と情報共有することは、児童をともに育むための支援チームを形成するという視点からも家族再統合支援に重要な意味をもつ。親を児童の支援者の一人として支援チームに巻き込むためには、施設職員が親と信頼関係を築き、児童と家族の関係を調整する必要がある。

　次章では、児童と家族の関係調整が施設職員によってどのように行われているか、研究3で示された2つの事例を通して検討を行う。

第5章

児童と家族の関係調整に関する質的研究

Ⅰ　【研究5】施設職員による児童と家族の関係調整に関する質的研究

Ⅱ　第5章のまとめ

I 【研究5】施設職員による児童と家族の関係調整に関する質的研究

1. はじめに

　研究1から研究3において、一時帰宅の実施が児童の家庭復帰や親子関係を築く上で有効であることを示してきた。また、一時帰宅を単純に繰り返すだけでなく、一時帰宅先での体験の質が重要であることも指摘した。そして研究4では他者とのコミュニケーションを深めるための介入プログラムを試み、家族再統合の視点から親子関係の促進を含めた心理的支援の有効性を検討した。

　さて、一時帰宅の実施を通して、施設職員は児童と家族に対してどのような支援を行っているのであろうか。実際、一時帰宅や家庭復帰に関する方針の決定は児童相談所が主体で進められるが、児童相談所の児童福祉司は多くのケースを抱えており、個別のきめ細かい対応を行うゆとりがない状況が続いている。そのため、施設職員が児童の生活全般のケアと並行させながら児童と家族の関係調整を行い、一時帰宅を促進する役割を担っている現状がある。

　本研究では、児童養護施設における児童と家族の関係調整について「施設に入所している児童と施設外で暮らす家族が良好な関係を築くために、児童および家族への支援を行いながら両者の最適な関係性を促す行為」とし、議論を進めたい。

　施設職員は児童の生活場面を直接観察しており、児童の様子を把握しやすい立場にある。また、一時帰宅を行う際には親が施設内に出向くため、施設職員が時間を調整することで家族と雑談や面談を行うことができる。つまり、一時帰宅の送迎時には親に児童の日常の様子を伝えることも可能であるため、一時帰宅をきっかけとした家族との関わりは、親子関係や家族再統合を促す絶好の機会ともなる。

　家族再統合に向けた関係調整を行うためには、事務的なマニュアル化された対応ではなく、児童の感情と家族の感情の両方の心の動きに着目しな

がら双方に関わっていくことが重要であろう。児童については、家庭復帰に対する期待や不安といった児童の言葉にしにくい感情を施設職員が代弁していくことも重要である（永井, 2006）。家族については、支援機関に不信感をもっている場合や親自身が情緒不安定な場合もあるため、家族の感情を察しながら関わる必要がある。

　関係調整には困難さを伴うこともあろう。特に、施設職員は児童と身近に接しているため、児童への個人的な思い入れが強くなりやすい（加藤純, 2004）。また、児童の語る家族への不満を施設職員が受容、共感しすぎることで児童が施設職員への依存性を強め、親子間の関係を悪化させる（菅野, 2006）ことも考えられる。そのため、関係調整を行う過程で、児童や家族に対する施設職員のポジティブな感情、もしくはネガティブな感情にも着目すべきである。

　これまで児童養護施設における関係調整そのものに着目した先行研究はあまりみられないが、菅野他（2008）は関係調整の時期として施設入所後の状況把握が重視されるⅠ期、児童および家族への介入が重視されるⅡ期、退所に向けた検討が重視されるⅢ期の3つに分類を試みた上で、Ⅲ期での家族との不安定な交流パターンのリスクを指摘している。また、児童と家族の双方に施設職員と心理職が関わりながら支えていった1事例の報告（大内, 2008）は、母親との面会や一時帰宅を実施することで生じる児童の心理的変化や、児童と母親との交流を調整する過程について述べている。トムソン（2006）による1事例の研究においては、一時帰宅が繰り返される過程での児童の戸惑う様子や母親に対する複雑な感情について検討している。情緒障害児短期治療施設での1事例研究（大迫, 2008）では、児童の家族に対する感情や自責感情などを扱いながら自我の発達を支えていった支援過程を報告している。しかし、児童養護施設における家族再統合プロセスの観点から、施設職員の感情や心理職の役割にまで踏み込んで論じた関係調整に関する研究はほとんどみられない。

　本研究では、このような一時帰宅をめぐる施設職員のさまざまな心の動きに着目しながら、施設職員が行う関係調整について検討したい。心理職は施設職員を支える役割が期待されているため、この視点は心理職のあり

方を議論する上でも意義があると思われる。また、近年では家庭支援専門相談員（ファミリーソーシャルワーカー）が児童養護施設に配置されつつあり、施設職員が対応しきれない家族支援を行うことが期待される。そのため、一時帰宅をめぐる関係調整についての検討は家庭支援専門相談員の活用にも役立つと思われる。

2. 目 的

　研究5では研究3で示した事例3-4の児童Eと事例3-6の児童Gの2人を対象とし、児童を担当する施設職員の語りを基に、一時帰宅をめぐる施設職員による児童と家族への関わりを中心に質的分析を行うことを目的とする。まず、関係調整を通した児童と家族の様子について明らかにし、施設職員がどのような感情を抱きながら児童と家族の双方に関わっているか検討を行う。そして、質的分析を通して一時帰宅をめぐる関係調整仮説モデルを生成し、児童の心理プロセスや家族の心理プロセス、施設職員の感情を踏まえて家族再統合プロセスの観点から関係調整のあり方について検討する。それらを通して、施設職員を支える心理職の役割について考察したい。

3. 対象と方法

（1）調査対象

　施設Aの入所児童2人を対象とした。対象となった児童は、研究3で取り上げた一時帰宅中断群に該当した事例3-4のE（8歳男子）と一時帰宅開始群に該当した事例3-6のG（11歳男子）である。

　これらの事例は、筆者が2003年5月から児童と家族との関係調整に関して継続的に情報を得ていた事例であることと、事例内容から一時帰宅開始群と一時帰宅中断群の比較検討ができること、いずれのケースも施設職員が心配するような不適応行動としての行動化がみられるといった理由から、本研究の対象とした。

第5章 児童と家族の関係調整に関する質的研究

(2) 調査方法

　研究5では面接調査を中心に、補足的に調査票からの情報（基礎調査、追跡調査）、施設職員からの補足的な情報も得ながら進めていった。

　まず面接調査として、各児童を担当する施設職員各1人に対して面接を依頼し、児童について質問した。面接を依頼した施設職員は、Eを担当する40歳代の男性職員1人と、Gを担当する30歳代の男性職員1人の計2人であった。今回の面接調査については、事前に施設Aの職員会議で調査の趣旨を理解してもらい、施設長の了承を得た。なお、個人または団体などが特定される情報は一部改変し、倫理的な配慮を行った。

　面接日の1〜2週間前に、面接で尋ねる内容について各職員に口頭および文書で説明した。面接日は2006年12月18日と22日の2日間に分けて行い、1回30分程度を目安に半構造化面接を実施した。面接場所は、施設Aの敷地内にある事務所棟の個室で行った。また、調査者は筆者が行い、研究補助として3人の大学生（心理学専攻）が同席した。

　面接では、各職員に事前に了承を得た上で面接での会話をMDレコーダーに録音した。面接の際の質問項目としては、以下の項目を中心に尋ねた。

　　a）一時帰宅を進めるために最も重視していることや気をつけていること。
　　b）一時帰宅を通して、児童と家族にどのような変化がみられたか。
　　c）児童と家族の関係調整で苦労していることは何か。
　　d）一時帰宅の取り組みの効果と課題について。

　これらの質問内容は、基礎調査の調査票で得られた内容を参考に複数の研究スタッフで検討し決定した。また、質問内容に関連する事柄について話しやすい内容から語るよう依頼し、職員の感情について自然な形で語れるよう配慮した。そして、状況に応じて質問の順番を変え、話の流れで新たに内容を明確化するための質問をする形で進めた。

159

(3) 分析方法

　分析方法は、面接調査の分析としてStrauss & Corbinによるグラウンデッド・セオリー法（Strauss & Corbin, 1999）を参考に半構造化面接の会話を分析した。分析作業としては、まずMDレコーダーで録音した音声を文章化し、逐語記録を作成した。そして、逐語記録を切片化し、切片化されたデータについて以下の流れでコーディング（coding）作業を行った。それは、文単位でラベル名をつけていく作業、ラベルを整理し1つのカテゴリーにまとめる作業、各カテゴリーを関連づける作業、モデルを提示するための作業の4段階の流れである。なお、カテゴリー化では2人の対象者のラベルを混ぜて分類を行った。

　各カテゴリーを関連づける作業では、松林（2005）が用いているパラダイム（paradigm）の構成要素の考え方を採用した。このパラダイムは、状況（condition）、行為・相互行為（action/interaction）、帰結（consequence）の3つの要素から構成された理論的枠組みである。これらは、現象の中にどのような状況があって、それを基にしてどういう行為・相互行為が起こったのか、そして、どのような帰結が生じたのかを捉えるための作業である。本研究では、この3つのパラダイムに各カテゴリーをあてはめる作業を行った。

　分析結果は、パラダイムごとの主なラベル名を示し、抽出例を表記した（表5-1、表5-2、表5-3）。つぎに、「状況」「行為・相互行為」「帰結」の3つのパラダイムに対応した各カテゴリーとラベル名をまとめて表に示した（表5-4）。

　逐語の抽出では児童に関わることのみに限定し、文中に提示する際にはどちらの児童のラベルかがわかるように、EもしくはGと示した。なお、これらの一連の分析作業は調査に同席した研究補助の大学生3人に大学生（心理学専攻）の4人が加わり、調査者（筆者）を含めた計8人の研究スタッフで行い、カテゴリー化やラベルづけについて繰り返し検討を行った。

　これらの分析結果から導き出された児童の行動および心理的変化、家族の行動および心理的変化、施設職員による支援について考察にて図5-1で示し、施設職員の心理プロセスと心理職による関係調整アセスメントとの

第5章　児童と家族の関係調整に関する質的研究

関連についても図5-2にまとめた。

　また、事例の概要を充実させるため、調査票（基礎調査、追跡調査）の問題行動に関する項目や自由記述欄からの情報を参考にした。

4.　結　果

(1)　事例の概要

　E（8歳男子）は研究2で一時帰宅中断群に分類された。基礎調査時には父親の再婚が検討され、家庭復帰に向けた話し合いがもたれていたが、追跡調査時には父親が再拘禁され、家庭復帰が困難となっていた。基礎調査時は落ち着きのなさが課題とされていたが、追跡調査時では他の児童への暴言や暴力が顕著であった。

　G（11歳男子）は研究2で一時帰宅開始群であった。基礎調査時は情緒不安定な母親と連絡が途絶えることもあったが、追跡調査時には母親が再婚を考えるようになり、一時帰宅も定期的に行われるようになった事例であった。基礎調査時の様子として無気力さが目立ち、集団行動から離れて孤立するような場面が目立っていた。追跡調査時には集団行動は改善されつつあったが、情緒不安定な様子がみられた。

(2)　面接調査について

　面接調査で得られた質的データのカテゴリー化を行った結果、「状況」では4カテゴリー、「行為・相互行為」では2カテゴリー、「帰結」では3カテゴリーの計9カテゴリーに分類された。なお、表では代表的なラベルのみを示した。

1)　「状況」におけるカテゴリー

　「状況」では、「児童の言動」「家族の言動」「児童の期待と覚悟」「家族への想い」の4つのカテゴリーが得られた。主な抽出例については表5-1に示した。

　「児童の言動」カテゴリーでは「家族状況の変化への自覚」「一時帰宅前の様子」「感情表現の変化」「親への戸惑い」「今後に対する不安」「親に対

161

表 5-1　状況 condition のカテゴリーと主なラベル名および抽出例

カテゴリー	主なラベル名	抽出例
児童の言動	一時帰宅前の様子	……一時帰宅する時はすごく楽しみにしている。予定表に大体一時帰宅の予定を書き込んじゃうから、それをみて自分で予想するんだと思う……（E）
	親への戸惑い	（親に）素直に出せないっていうような部分があるし、（中略）お母さんを怒らしちゃいけないとかね。たとえば、車の中に一緒にいる時に「無言になっちゃうとちょっと焦るんだぁー」とか表現していて……（G）
家族の言動	施設に連絡する	おばあちゃんが亡くなられた時は連絡いただいて、その時は毎週一時帰宅させていました。本人もおばあちゃん大好きだったから……（E）
	消極的な態度	学校の行事予定が貼ってあったとしても、この月はこれがあるから一時帰宅に連れていこうかっていうように行事に合わせて休みをとってくれる母親ではない（G）
児童の期待と覚悟	家庭復帰への期待	やっぱ、お父さんと一緒に暮らしたい、お父さんのとこに帰りたいとは言いますけど、お父さんが来たら一緒に暮らしたいっていうことは願っている……（E）
	現状の理解と覚悟	一時帰宅の状況みると、自分の部屋がないっていうのも大体わかっている。そういう現実的な判断っていう部分も含めて、自分は高校卒業まで施設にいることはぼんやり考えていると思う……（G）
家族への想い	親への感情の強さ	本人はやっぱりお父さんと暮らしたいって気持ちがすごく強いから……（E）
	精神的なつながり	なかなか一時帰宅ができないのかもしれないけれども、お母さんのことを慕っているし、尊敬している。母子関係では精神的なつながりが強い（G）

する甘え」「連絡がつかない時の落ち込み」の7つのラベルが抽出された。一時帰宅前に家族との交流を楽しみにしている様子や、母親に対して素直に感情を出せないことへの戸惑いの様子などが明らかになった。また、家族に対する不安や甘え、家族と連絡がつかない時の落ち込みも示された。「一時帰宅前の様子」と「親への戸惑い」について抽出例を示した。

　「家族の言動」カテゴリーでは、「施設に連絡する」「受容的な態度」「家族とのつながりの維持」「意識の向上」「消極的な態度」「連絡の拒否」「不安定な心理状態」の7つのラベルが抽出された。行事に合わせて一時帰宅を行うといった考えをもたない母親の消極的な態度や、家族の入院のために家族の状況に応じた一時帰宅の配慮が示された。その他には、施設職員が家族に連絡しても電話に出ないといった様子が示唆された。「施設に連

絡する」「消極的な態度」について抽出例を示した。

　「児童の期待と覚悟」カテゴリーでは、「家庭復帰への期待」（ＥとＧの両方）、「児童の選択」「現状の理解と覚悟」の４つのラベルが抽出された。家庭復帰への期待をもちながらも復帰できない現状を理解し、施設生活を送る覚悟が示された。「家庭復帰への期待」と「現状の理解と覚悟」について抽出例を示した。

　「家族への想い」カテゴリーでは、「親への感情の強さ」「精神的なつながり」「児童の本音」「親への理解」の４つのラベルが抽出された。家族との交流ができない中でも家族が精神的につながっている様子が確認された。「親への感情の強さ」「精神的なつながり」について抽出例を示した。

2）「行為・相互行為」におけるカテゴリー

　「行為・相互行為」では、「児童への介入」「家族への介入」の２つのカテゴリーが示された。主な抽出例を表5-2に示した。

　「児童への介入」カテゴリーでは「親に手紙を書く際の支援」「児童の気持ちの整理の支援」「児童の不安への対応」「親に電話する際の支援」「児童への問いかけの工夫」の５つのラベルが抽出された。親子関係を維持するために、母親と連絡がつかない児童に対して継続してフォローしていく様子や、父親からの手紙に返事を書くように促すといった親に対するアプローチの様子が示された。「気持ちの整理の支援」や「児童の不安への対応」といった児童の心理的な内面を支援する内容についても示された。「親に手紙を書く際の支援」「親に電話する際の支援」について抽出例を示した。

　「家族への介入」カテゴリーでは「児童相談所との関係性の促し」「一時帰宅を目指すケア」「児童相談所の役割を伝える」「話し合いの機会をもつ」「親子関係維持への取り組み」「児童への関わりの促し」「家庭復帰についての介入」「児童への理解」「行事参加への働きかけ」「生活面の助言」の10のラベルが抽出された。学校の学級担任から「物をよく失くしてしまう」と連絡帳に書かれていたことを母親に伝え、紛失した物を買いに行ってもらうようにお願いするなど、児童との関わりを促す様子が明らか

表5-2　行為・相互行為 action/interaction のカテゴリーと主なラベル名および抽出例

カテゴリー	主なラベル名	抽出例
児童への介入	親に手紙を書く際の支援	誕生日の頃に（父親から）手紙いただいたりはしているから（中略）返事を書かせました（E）
	親に電話する際の支援	もう1回（母親に電話を）かけてみようよっていうように働きかけをして、ほったらかしにせずにその後も継続して連絡をとることは大事（G）
家族への介入	児童相談所との関係性の促し	こちらからは児相（児童相談所）とはちゃんと関わってほしいっていうことを親に伝えて、もちろん相互に了解をとり合いながら親へ対応します（E）
	児童への関わりの促し	学校の連絡帳を（母親に）みせて（中略）たとえば、連絡帳に物をすぐ失くしますって書いてあったら「ちょっとお母さんが一緒に（紛失した）筆箱とか買いに行ってもらえますか？」とお願いする……（G）

になった。また、親が児童相談所と関わろうとしないことから、児童相談所と施設の役割の違いについて確認しながら児童相談所との関係性を促す関わりでは、親と児童相談所との間を仲介する職員の役割が明らかになった。その他には一時帰宅の機会や話し合いの場をもつといった家族への介入が示された。「児童相談所との関係性の促し」「児童への関わりの促し」について抽出例を示した。

3）「帰結」におけるカテゴリー

「帰結」では、「効果と課題」「職員の見解」「支援方針」の3つのカテゴリーが示された。主な抽出例を表5-3に示した。

「効果と課題」カテゴリーでは、「一時帰宅の課題」「児童と職員との関係構築」「一時帰宅の効果」「家族への介入の効果」の4つのラベルが抽出された。児童への関心が低かった母親が一時帰宅を繰り返すことで、母親のほうから一時帰宅先での児童の様子を職員に伝えてくるといった一時帰宅の効果や、生活の場の主体がわからなくなるような一時帰宅の取り組みに関する課題が明らかになった。「一時帰宅の課題」「一時帰宅の効果」について抽出例を示した。

「職員の見解」カテゴリーでは、「一時帰宅に対する考え」「長期的な支援」「再入所の懸念」の3つのラベルが抽出された。ラベルの内容では、

第5章　児童と家族の関係調整に関する質的研究

表 5-3　帰結 consequence のカテゴリーと主なラベル名および抽出例

カテゴリー	主なラベル名	抽出例
効果と課題	一時帰宅の課題	生活の場がどこが主体かわからなくなるような一時帰宅のさせ方（頻度も含めて）っていうのはやっぱりまずいかなと思います……（E）
	一時帰宅の効果	「一時帰宅ではこんな様子だったんです」とお母さんのほうから一時帰宅の様子を話すようになってきた……（G）
職員の見解	一時帰宅に対する考え	一時帰宅っていうのは否定的なものではなくて、職員としてよいと思っていろいろやるし、子どもにとってもそのことで子ども自身がいろいろ考えることにもなる……（E）
	再入所の懸念	再入所のケースは子どもが別に悪いわけじゃないんですけど、ただ結果的に戻ってくることでは子どもをすごく傷つけているから、そうさせたくないっていうのがあります（E）
支援方針	関係調整の意図	親子関係を切らないためにどうしたらいいかっていうのは、必要な関わりをもってもらうということで面会だけかもしれないし、一時帰宅になるかもしれないし、それはいろいろだと思うんですけど。だから家庭復帰だけが目的ではないということですね（E）
	親への伝え方の工夫	「家庭復帰させるかどうか最終的な判断をするのは児童福祉司さんなんです」っていう話は母親にして、（中略）ちゃんと児童福祉司さんと向き合わなければ子どもは家庭復帰できないんですよっていう話はしています（G）

　児童を再入所させたくないといったことや、一時帰宅を通して児童が成長するといった職員側の考えについて述べられた。「一時帰宅に対する考え」「再入所の懸念」について抽出例を示した。

　「支援方針」カテゴリーでは、「関係調整の意図」「児童の意見の尊重」「施設の役割」「施設生活の指針」「親への伝え方の工夫」「介入の多様化」「立場上の対応」「児童への対応」の８つのラベルが抽出された。そこでは、親に対して児童福祉司と向き合うように促す様子や、家庭復帰だけが目的でなく親子関係を絶ちきらないように関係調整を進めている様子が語られた。「関係調整の意図」「親への伝え方の工夫」について抽出例を示した。

　以上に述べてきた「状況」「行為・相互行為」「帰結」の３つのパラダイムにおいて９つのカテゴリーをまとめたのが表5-4である。

　まずパラダイム名に沿ってカテゴリー名を示し、カテゴリーごとのラベル名を提示した。そして、ラベル名についてはEとGを分けて示した。ラ

165

表5-4　カテゴリーおよびラベル名

パラダイム	カテゴリー	ラベル名（E）	ラベル名（G）
状況	児童の言動	家族状況の変化への自覚 一時帰宅前の様子	感情表現の変化 親への戸惑い 今後に対する不安 親に対する甘え 連絡がつかない時の落ち込み
	家族の言動	施設に連絡する 受容的な態度 家族とのつながりの維持	意識の向上 消極的な態度 連絡の拒否 不安定な心理状態
	児童の期待と覚悟	家庭復帰への期待 児童の選択	家庭復帰への期待 現状の理解と覚悟
	家族への想い	親への感情の強さ	精神的なつながり 児童の本音 親への理解
行為・相互行為	児童への介入	親に手紙を書く際の支援 児童の気持ちの整理の支援	児童の不安への対応 親に電話する際の支援 児童への問いかけの工夫
	家族への介入	児童相談所との関係性の促し 一時帰宅を目指すケア 児童相談所の役割を伝える 話し合いの機会をもつ	親子関係維持への取り組み 児童への関わりの促し 家庭復帰についての介入 児童への理解 行事参加への働きかけ 生活面の助言
帰結	効果と課題	一時帰宅の課題 児童と職員との関係構築	一時帰宅の効果 家族への介入の効果
	職員の見解	一時帰宅に対する考え 長期的な支援 再入所の懸念	
	支援方針	関係調整の意図 児童の意見の尊重 施設の役割 施設生活の指針	親への伝え方の工夫 介入の多様化 立場上の対応 児童への対応

ベルの内容としては、EとGで異なったものが挙げられる場合が多かったが、状況パラダイムの「児童の期待と覚悟」カテゴリーでは「家庭復帰への期待」に関する内容が双方に示されるなど、E、Gで一部共通のラベルも見受けられた。

全体的には、施設職員は児童の感情だけでなく、家族の感情を汲み取りながら対応している様子がうかがえた。

5. 考　察

(1) 各パラダイムにおけるカテゴリー化の検討

本研究では、半構造化面接にて施設職員が語る内容を質的に分析することで、一時帰宅をめぐる児童や家族の心理的変化が示された。また、施設職員の心理的な動きの一端が明らかになった。一時帰宅の関係調整は児童と家族を物理的に再会させるという単純なプロセスではなく、児童と家族の双方が抱くさまざまな感情を汲み取りながら両者に働きかけていることが示された。また、施設職員自身も、児童と家族の双方への関わりを通してさまざまな感情を抱いていることが明らかとなった。

「状況」におけるパラダイムでは、母親に対して素直に感情を出せないことに戸惑う児童の様子（「児童の言動」カテゴリー）や、家庭復帰が困難な現状を理解し施設生活を送る覚悟をもっているのではと推測する（「児童の期待と覚悟」カテゴリー）など、施設職員が児童の言語化されない非言語的な側面にも着目しながら関わっていることが示された。このような非言語的な児童の内面を察することができるかどうかで、児童の施設職員への信頼関係が形成されると思われる。また、児童の言語化しにくい心境を施設職員が親に伝えていくことも重要であり、児童の行動上の問題を減少させるきっかけになると思われる。

「行為・相互行為」におけるパラダイムでは、物をよく失くしてしまう児童の様子を母親に伝え、紛失した物を買いに行ってもらうようにお願いする様子が語られた（「家族への介入」カテゴリー）。母親に役割を与えるような施設職員の気づかいは、親としての自覚を高めるきっかけになると思われる。施設職員は児童と家族の関係調整だけでなく、家族と児童相談所

の関係調整も行っていることが示された。児童相談所と関わろうとしない親に対して、児童相談所との関係を修復しようとする施設職員の姿勢は、家庭復帰のための協議だけでなく、児童が施設を退所した後の地域支援も想定した関わりであると思われる。

「帰結」におけるパラダイムでは、児童への関心が低かった母親が一時帰宅先での様子を施設職員に伝えてくるといった一時帰宅の効果が挙げられた（「効果と課題」カテゴリー）。このような親の変化は、親に役割を与えるような施設職員の対応や親としての自覚をもたせるような関わりが、児童への関心を高めたとも考えられる。

(2) 本研究における質的分析の特性とその意義

本研究では数量的な分析や自由記述欄のわずかな情報では明らかにされにくい質的内容が、施設職員との半構造化面接の語りから導き出された。また、パラダイムの概念を用いたことで、膨大な言語的情報が一時帰宅の流れに沿ってまとまって示された。特に、児童と家族の関係調整というデリケートな内容が質的分析により明らかになったことは有効であると思われる。

しかし、施設職員の語る内容には、個人特有の感情が強調されることも考えられるため、2人の施設職員のみのデータを一般化することはできない。本研究で用いた質的研究は、本来法則定立的な一般化を目的とするものではなく、少数の事例から個性記述的に、帰納的に仮説を生成すること、そしてそれに基づくモデルの生成を目的とするものであることを確認しておきたい。また、施設A特有の方針が語りに反映されている可能性があるため、今後さらに複数の施設で対象者を増やして質的分析を行う必要もあろう。今回は施設職員が観察する児童の様子に着目したが、家族の様子に着目した内容が十分抽出されなかった。特に、状況のパラダイムでは家族に着目したカテゴリーは「家族の言動」のみであった。本研究では児童を中心に分析したが、家族の視点から分析することも必要であろう。

このように、いくつかの課題が挙げられたが、施設職員の実践を示す方法として施設職員の語りの記述を質的分析することによって仮説モデルを

第5章 児童と家族の関係調整に関する質的研究

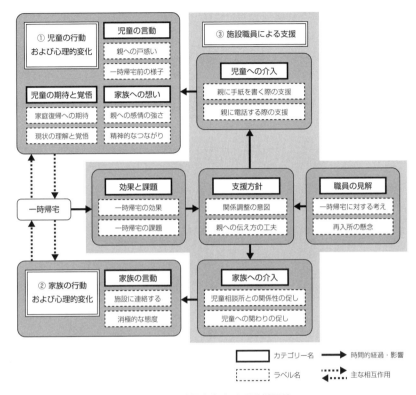

図5-1 一時帰宅をめぐる関係調整

生成することは、意義があると思われる。

(3) 一時帰宅をめぐる関係調整

　施設職員による関係調整は児童と家族を単純に引き合わせるだけでなく、一時帰宅を通して児童、家族、施設職員にさまざまな心理プロセスが働いていることを把握しながら、関係調整を進めることが重要である。そこで、表5-1から表5-3で示した代表的な抽出例を用いて、一時帰宅をめぐる関係調整を図で表した（図5-1）。図にみられる太線の長方形枠はカテゴリー名を示しており、点線の長方形枠はラベル名を示している。これらのカテゴリー名およびラベル名は、半構造化面接から抽出した代表的なものであ

169

る。実線矢印は時間的経過や影響を示し、点線矢印は主な相互作用を示す。

　図5-1の上段には、児童に関するカテゴリーとラベルを示し、『①児童の行動および心理的変化』と表記した。つぎに、下段に家族のカテゴリーとラベルを示し、『②家族の行動および心理的変化』とした。そして、児童と家族の間に挟まれる形で施設職員のカテゴリーとラベルを示し、『③施設職員による支援』とした。

　まず、「一時帰宅」（図の左中央部分）を実施することで、一時帰宅の場で児童と家族の相互作用が生じる。この一時帰宅先での相互作用を通して、児童と家族の双方（①と②）に心理的な変化が生じる。

　『①児童の行動および心理的変化』では、「児童の言動」として児童の感情が言語化されることもあれば、「児童の期待と覚悟」や「家族への想い」といった児童の心理的変化を施設職員が察して対応することもある。

　『②家族の行動および心理的変化』では、一時帰宅をめぐり心理的変化が生じ、「家族の言動」として表面化する。その一例として、家族が「施設に連絡する」こともあれば、「消極的な態度」といった方向に家族の態度が変化することもある。

　『③施設職員による支援』では、まず一時帰宅の実施による「効果と課題」が支援方針に反映される。また、「職員の見解」では、「一時帰宅に対する考え」や「再入所の懸念」といった施設職員の個人的な見解が、支援方針に影響を与えることもある。

　「支援方針」では、「関係調整の意図」に関する確認や「親への伝え方の工夫」の検討などを通して方針が決定される。これらの方針は児童と家族への双方の介入に影響を与え、介入を行うことで児童と家族の行動および心理に変化が生じる。この児童と家族の行動および心理的変化を観察し、推測することが、支援方針を検討する上で重要な情報となる。

　本研究から導かれた　時帰宅をめぐる関係調整は、一時帰宅の日程を調整し児童と家族を物理的に引き合わせるというような単純な内容ではなく、施設職員が児童と家族の行動および心理的変化を踏まえながら関係調整を行っていることの一端が示された。本研究では、一時帰宅をめぐる関係調整（図5-1）を以下のように説明する。

第5章　児童と家族の関係調整に関する質的研究

1) 一時帰宅を実施することで児童と家族に相互作用が生じ、「①児童の行動および心理的変化」や「②家族の行動および心理的変化」が起こりやすくなる。そのため、施設職員はそれらに着目しながら関係調整を行うことが重要である。

2) 施設職員が「①児童の行動および心理的変化」や「②家族の行動および心理的変化」に着目することで、「③施設職員による支援」の質に変化をもたらす。

3) 「③施設職員による支援」の質の変化として関係調整がよい方向に向かう場合と、関係調整が悪循環になる場合がある。そのため、関係調整にみられる施設職員の感情を支える心理職の役割が重要である。

(4) 心理職による関係調整アセスメント——関係調整仮説モデル

　関係調整を行う過程では、図5-1に示したように児童と家族双方の行動および心理的変化を施設職員が汲み取りながら支援することが求められる。しかし、児童が問題行動を起こしている場合や、家族が施設職員に非協力的な場合は、児童や家族に対するさまざまな感情が施設職員に起こることが考えられる。そのため、施設職員の感情に配慮した心理職による「関係調整アセスメント」を行うことが期待される。

　そこで、図5-1を簡略化し、施設職員の感情と関係調整アセスメントをモデル化し、図5-2に示した。図にみられる太線の長方形枠はカテゴリー名を示しており、ひし形の枠は施設職員の判断における感情を示している。実線矢印は影響を示し、点線矢印は主な相互作用を示す。大きな矢印はアセスメントの箇所を示し、該当箇所にはそれぞれのアセスメントをAからDのアルファベットで記載した。

　まず、一時帰宅を通して児童と家族の相互作用が生じるが、その相互作用の質（A）をアセスメントする。つぎに、児童の言動等が施設職員の感情に影響を及ぼし（B）、児童に対してポジティブな感情（Pos.）やネガティブな感情（Neg.）が生じる。これらの施設職員の感情は、児童への対応に影響を及ぼす（B'）。このような、児童に対する施設職員の感情や児

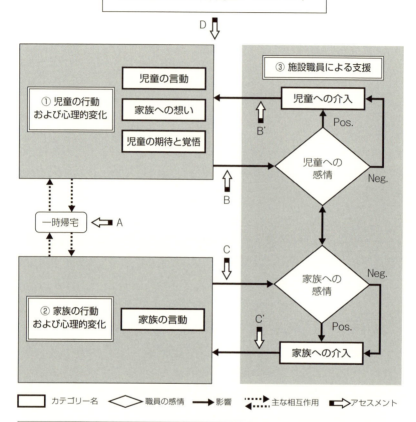

図 5-2 心理職による関係調整アセスメント―関係調整仮説モデル―

童への影響をアセスメントする必要がある。同様に、家族の言動等が施設職員の感情に影響を及ぼし（C）、家族に対してポジティブな感情やネガティブな感情が生じる。その施設職員の感情が家族の対応に影響を及ぼす（C'）。これらの家族に対する施設職員の感情や家族への影響もアセスメ

第5章　児童と家族の関係調整に関する質的研究

ントする必要がある。施設職員の児童への感情と家族への感情は互いに影響しあう（双方向の矢印）。これらのAからCを含めた図全体のアセスメントが、心理職による関係調整アセスメントである（D）。

(5) 施設職員のポジティブな感情とネガティブな感情

　施設職員が関係調整を通して児童に対してポジティブな感情を抱いていたとしても、家族にはネガティブな感情を抱くことがある。たとえば、「子どもは別に悪いわけじゃない」（表5-3）というような児童へのポジティブな感情と、「消極的な態度」（表5-1）や「連絡の拒否」（表5-4）といった親へのネガティブな感情の2つの感情が確認されている。

　児童へのポジティブ感情が強く、家族へのネガティブな感情が強い場合は、施設職員が無意識的に児童を家族から守ろうとする態度をとることも考えられる。事例3-4では児童の暴言や暴力行為がみられているが、施設職員が児童の問題行動に繰り返し対応することで児童へのネガティブな感情を高め、関係調整の介入を後回しにするといった事態が起こるかもしれない。また、事例3-6では母親と連絡がとれない時に児童は落ち込んでおり、施設職員の母親へのネガティブな感情（たとえば「身勝手な親だ」と思うような感情）が高まるであろう。

　つまり、施設職員が意図していなくても、結果的に児童と家族を遠ざけてしまうような関係調整になる恐れがある。図5-2では、児童への感情もしくは家族への感情のいずれかがNeg.の方向に向かうことで、関係調整にズレが生じやすくなるであろう。施設職員のネガティブな感情は、有害な対人刺激（春日, 1987b）となって表出し、家族との対人関係においてネガティブに伝達することが考えられる。

　研究3の事例3-11では施設生活のルールが守れず家庭復帰した事例が示されたが、施設職員は児童の施設内での問題行動への対応に苦慮していたため、施設職員の児童に対するネガティブな感情が児童の身勝手な家庭復帰を許したことに少なからず影響していることも考えられる。事例3-9に示されたように父親が児童の受け入れに積極的な姿勢をもっている場合は、施設職員の父親に対するポジティブな感情が高まり、父親に協力しよ

173

うという気持ちに向かうと思われる。この事例では、児童の問題行動がみられないことから、施設職員の児童に対する感情もポジティブなものであったことが推測され、関係調整が良好に進んだと思われる。

　児童と家族へのポジティブ／ネガティブ感情の差が大きい場合や、双方に対して強いネガティブ感情が生じている場合は、関係調整がネガティブな悪循環のループになることが推測される。また、児童と家族の双方への特別な感情の質がより高まりすぎることで、施設職員の燃え尽き（バーンアウト）や施設内虐待として表面化し、児童の生活を支える施設の機能が崩壊するリスクもある。

　このような事態を避けるためにも、心理職が関係調整アセスメントを行い、チームの一員として施設職員を相互に支えていく姿勢をもつことが重要である。チーム支援を充実させることで、関係調整の質が高まると思われる。

　これらの心理職による関係調整アセスメントを施設職員にフィードバックし助言を行うことは、施設職員に対するコンサルテーションにもなる。しかし、コンサルテーションを行う過程で、心理職自身に児童、家族、施設職員に対するポジティブ／ネガティブ感情が生じる。そのため、心理職自身の心理プロセスについても、同じ施設で働く他の心理職による支えが重要である。同じ施設に心理職がいない場合は、別の施設で働く心理職との情報交換や、個人もしくはグループスーパービジョンにより専門的な支援を得る必要がある。

Ⅱ　第5章のまとめ

　研究5では、児童養護施設の職員が児童と家族をどのように観察し、どのような感情を抱きながら関係調整を行っているか、2事例を中心とした施設職員による語りを通して明らかにしてきた。質的分析によるカテゴリー化を行った結果、「児童の言動」「家族の言動」「児童の期待と覚悟」「家族への想い」「児童への介入」「家族への介入」「効果と課題」「職員の

第 5 章　児童と家族の関係調整に関する質的研究

見解」「支援方針」の 9 カテゴリーに分類された。

　このカテゴリー化を基に一時帰宅における関係調整を図に示し、児童の行動および心理的変化、家族の行動および心理的変化、施設職員による支援の 3 つの観点から関係調整を整理した。そして、関係調整がもたらす施設職員の感情に着目することの重要性について触れた。特に、心理職による関係調整アセスメントを「関係調整仮説モデル」としてモデル化し、心理職が関係調整アセスメントを通して施設職員を支え、関係調整機能の質を高める重要性について指摘した。

　次章では、これまでの 5 つの研究を含めて総合的考察を行う。特に、家族再統合プロセスの検討を行い、家族再統合の概念について議論を深めていく。また、家族再統合支援のあり方や家族再統合のアセスメント、心理職の役割について触れ、現代社会における児童養護施設と家族再統合について論じたい。

第6章

総合的考察

Ⅰ　本研究の概観

Ⅱ　児童養護施設における家族再統合プロセスの検討

Ⅲ　児童養護施設における家族再統合の概念に関する検討

Ⅳ　児童養護施設における家族再統合支援のあり方

Ⅴ　児童養護施設における家族再統合アセスメント

Ⅵ　児童養護施設における心理職の役割

Ⅶ　現代社会における児童養護施設と家族再統合

Ⅷ　本研究における課題と展望

I　本研究の概観

　研究1の基礎調査研究では、児童養護施設における一時帰宅等の実態を明らかにし、家族再統合プロセスとしてのある時点における一時帰宅等の実施と児童の行動との関連について検討を行った。一時帰宅等の実態として、入所児童の約半数が一時帰宅を行っており、一時帰宅が実現しにくい児童に対しても、宿泊交流の機会を設定するなどの配慮が行われていることが明らかになった。一時帰宅の実施は児童と家族の心理的な相互作用を深め、家族再統合を進める上で有効であると考えられる。しかし、一時帰宅先での体験の質により児童に悪影響を及ぼすことがあるため、児童の行動を通して心理的影響を検討する必要がある。

　一時帰宅等と児童の行動との関連としては、集中困難・妨害行動得点において、一時帰宅なし／宿泊交流あり群が一時帰宅なし／宿泊交流なし群と比べて高い傾向がみられた。宿泊交流は家庭での生活体験の場が得られるだけでなく、宿泊交流先の家族との情緒的な関係性を深める有効な機会であるが、一方で宿泊交流の予定がキャンセルになるなど不安定な要因もあり、これが児童の行動にネガティブな影響を及ぼしていることが考えられる。

　基礎調査研究で対象となった児童は、その後どのような状況におかれるのだろうか。また、児童がどのような行動をとり、どのような心理的特徴を示すのだろうか。追跡調査では、研究1で対象となった同一児童の2年半後を追跡し、家族再統合プロセスと児童の行動がどのように移り変わったか明らかにした。

　追跡調査では研究2と研究3を行った。研究2では、基礎調査で対象となった児童97人の2年半後を調査した。全体の68.0%の児童が施設に継続して入所しており、32.0%の児童が退所していた。このことから、家庭復帰の困難さが示唆された。また、退所児童の退所前のECBI下位尺度の反抗行動得点が継続入所児童よりもわずかに低かったが、退所後のフォローアップでは不登校や盗み、就職先での不適応などいくつか問題行動が

178

示された。

　継続入所児童については、追跡調査時の反抗行動得点が基礎調査時に比べて有意に高かった。入所が継続し長期化することで家庭復帰への不安が募り、親に対するさまざまな葛藤が生じるといった心理的変化が反抗的な行動を引き起こすことが考えられる。一時帰宅中断群の追跡調査時の得点が基礎調査時に比べてECBI全項目得点が高まる傾向が示された。一時帰宅中断群は親の行方不明や親の拘禁などの理由で中断しているため、児童が別離体験を適切に言語化できず、施設内においてそれを行動化するという形で訴える可能性がある。一時帰宅の経過を踏まえた心理的支援が重要であることがいえよう。

　研究3の個別事例では、継続入所児童と退所児童の類型ごとのECBI得点の変動を中心に、どの項目が変動に大きく関与するかについて、全項目についてより詳細な質的検討を行った。継続入所児童では母親の再婚を機に一時帰宅が開始されたことで児童の行動が落ち着いた事例や、親の拘禁で一時帰宅が中断され児童の行動化が顕著になった事例などが示された。個別事例ごとに一時帰宅の経過には家庭環境のさまざまな変化があり、その変化に応じて児童の行動や心理的変化が生じる様子が浮き彫りになった。その行動と心理的変化のベクトルをみてみると、ECBI得点の増加は不適応行動と心理的不安定さの方向を示し、またECBI得点の減少は行動の改善、心理的安定方向への変動を示すが、不適応行動の指標となる項目は、ECBI下位尺度の内容でもある集中困難・妨害行動、反抗行動、食事・就寝阻害行動であった。この下位尺度の内容を整理すると、それぞれ1）自己制御力の形成、2）対人関係の形成、3）生活習慣の形成に該当するであろう。1）、2）、3）はともに、対人関係の相互作用の中で互いに影響しあう性質のものといえる。ECBIに関しては児童の問題行動を捉えるだけではなく、児童の個々の問題行動をどのように改善していくかというプラスの視点から考察することが重要である。

　退所児童としては、定期的な一時帰宅を積み重ねることで父親の心理的変化がみられ、児童の行動も安定し家庭復帰した事例がみられた。親の心理的変化のプロセスにも着目しながら、児童の行動変化や心理的変化を検

討する必要がある。一方、親の離婚をきっかけとした施設入所の多さが先行研究にて指摘されていた（佐藤・鈴木, 2002b）が、本研究では親の再婚により一時帰宅を開始させる事例がみられた。このことから、現代社会の離婚増加の問題の一端が示されており、研究2では明らかにされにくい詳細な局面が質的に検討されたことは意義があると思われる。

　研究1から研究3を通して、2年半の間にさまざまな家族再統合プロセスがみられることが示された。特に、一時帰宅の類型や退所の類型によりさまざまな児童の行動変化がみられ、家族再統合プロセスと児童の行動変化との関連が示された。また、個別事例による詳細な局面を検討することで児童の行動変化や児童の心理的変化の一部が明らかになった。継続入所児童は退所していく児童を見送る機会が増えることで自分が取り残されるのではという将来への不安を強め、一時帰宅の中断は親に対するネガティブな感情を高めることが考えられる。また、親が再婚する場合は親子の関係性が変容し、それに伴い児童の心理的変化が推測される。また、社会的自立群は特に生活環境が大きく変化するため、退所前に不安が高まり感情が抑圧されやすいことが考えられる。児童の得点の変動に関与する自己制御力の形成、対人関係の形成、生活習慣の形成、の3つの内容が家族再統合において重要であることが検討された。

　このような状況において、家族再統合プロセスの流れの中で児童への心理的支援を行うことがますます重要になると思われる。2006年には厚生労働省が児童養護施設の心理職の常勤化を進めており、心理職の役割に関する議論も行われつつある（坪井, 2008）が、家族再統合に向けた心理的支援としてどのような実践が可能であろうか。

　そこで、研究4では、1事例の心理的支援を通して児童の行動を観察し、家族再統合プロセスにおける心理的支援を検討した。研究3で示された事例3-1の児童（児童B）を対象とし、施設心理職が行う心理的支援の実践として遊びの要素を取り入れながらトークン・エコノミー法を用いた介入プログラムを実施し、児童の行動を観察した。その結果、ボードゲームやトークンを用いた介入を行うことで課題に対する自発的参加率が高まった。また、ほほえみやアイコンタクトといった情動の生起率が条件とともに変

動することが示された。この児童Bが「表情が乏しく言語化が苦手」な児童であったことを考えると、明らかな情動表出の改善がみられている。さらに、トークンにルール条件を加えることで課題の遂行が安定した。このことから、ルールを伴った介入により課題に集中することが示された。行動の変容は他者との相互作用と特定の文脈の中で生起することが示唆された。このような介入プログラムを通して観察された児童の様子を施設職員や親と情報共有することは、児童をともに育むための支援チームの形成にもつながる。親を児童の支援者の一人として支援チームに巻き込んでいくためにも、施設職員が親と信頼関係を築きながら児童と家族の関係調整を行うことが重要となる。

　そこで、研究5では研究3で示された2つの事例を通して検討を行った。児童養護施設の職員が児童と家族をどのように観察し、どのような感情を抱きながら関係調整を行っているかについて、2事例を中心とした施設職員による半構造化面接での語りを通して分析した。

　質的分析によるカテゴリー化を行った結果、「児童の言動」「家族の言動」「児童の期待と覚悟」「家族への想い」「児童への介入」「家族への介入」「効果と課題」「職員の見解」「支援方針」の9カテゴリーに分類された。このカテゴリー化を基に一時帰宅における関係調整を図に示し、児童の行動および心理的変化、家族の行動および心理的変化、施設職員による支援の3つの観点から関係調整を整理した。

　そして、関係調整がもたらす施設職員の感情に着目することの重要性について触れ、心理職による関係調整アセスメントを「関係調整仮説モデル」としてモデル化した。施設職員には、関係調整を行う過程で児童や家族に対するポジティブな感情やネガティブな感情が生じやすい。特に、児童の問題行動や親の不適切な言動により施設職員のネガティブな感情が高まり、関係調整が悪循環になるリスクがある。そのため、心理職が関係調整アセスメントを行いながら施設職員を支え、関係調整機能の質を高める役割について議論した。

　これらの5つの研究を通して、児童養護施設における家族再統合プロセスをどのように捉えることができうるか、次節で検討を行いたい。

Ⅱ 児童養護施設における家族再統合プロセスの検討

1. 家族再統合プロセスの全体像

　基礎調査時（研究1）の児童の状況として、全体の48.5%が過去に被虐待経験のある児童であり、全国平均よりも高い割合であった。また、全体の55.7%が過去に措置歴のある児童で、その特徴として、乳児院や他の児童養護施設を経て施設Aに入所する児童の割合の高さが目立った。また、きょうだいの入所が全体の47.4%と約半数を示した。このことから、対象児童の半数は、ハイリスクファミリーや機能不全家族につながる家庭環境の問題（村井, 2007）が背景にあると考えられる。

　2年半後の経過（研究2）では児童全体の68.0%が継続入所しており、32.0%は退所していた。退所児童をみてみると、家庭復帰群は児童全体の16.5%であり、社会的自立群は12.4%であった。里親・措置変更群もわずかだが3.1%みられた。家庭復帰群では児童の68.7%が一時帰宅を行っていた。このことから、一時帰宅が家庭復帰の促進に有効であることが考えられる。家庭復帰した児童をみると、過去の措置歴のない児童が81.3%を占めており、社会的自立した児童をみると、75.0%が被虐待経験のある児童であった。また、知的発達の障害により生活に支障のある児童は、退所児童よりも継続入所児童のほうが有意に多かった。このことから、被虐待経験や過去の措置歴、児童の知的発達が児童の退所に何らかの影響を及ぼすことが推測される。たとえば、児童が知的発達の問題を抱えている場合は親が家庭での対応に苦慮するため、知的障害の程度によっては家庭復帰が進まない可能性が考えられる。

　家庭復帰群の施設在所年数をみると3年未満が56.3%である一方、7年から10年未満が18.8%であった。そのため、施設Aでは入所期間が3年以内に家庭復帰する傾向にあるものの、2割に満たないが入所が長期化したのちに家庭復帰する例もみられる。

　継続入所児童の一時帰宅の経過をみると、一時帰宅維持群は21%、一時帰宅中断群は6.2%、一時帰宅開始群は16.5%、一時帰宅なし群は23.7%

第6章　総合的考察

であった。一時帰宅の経過を追うと一時帰宅の中断には家庭の事情がみられ、一時帰宅の開始は主に家族の受け入れ体制が整ったことによる場合が多かった。

このような状況の中、施設職員による児童と家族の関係調整を通して、単純に家庭復帰を目指すだけでなく児童と家族の双方が心理的に受けとめあえるような形での心理的な再統合が進められていることが示された（研究5）。このような良質な関係調整の循環は、強制的な家庭復帰（高橋他，1998）や、問題が未解決な状態での家庭復帰（亀井，2008）を避けることにもつながると思われる。また、児童と家族の関係調整を通して家族の意思だけでなく児童の意思を尊重していくことで、一時帰宅によるリスクや家庭復帰後のリスクを減少させることが考えられる。

退所後のアフターケアについてはさまざまな事例から検討した。たとえば、家庭復帰群の、父親が積極的に行動して児童の受け入れ準備を進め家庭復帰した事例（研究3、事例3-9）では、施設職員による家庭訪問が数回行われており、家庭復帰後も順調に生活していることから理想的なケースであると思われる。また、一時帰宅の積み重ねにより地域の野球チームに父子で参加するようになり、地域に支えられながら家庭復帰した事例（研究3、事例3-10）もみられた。家庭復帰後に親の子育て疲れのためショートステイ（公的サービス）を受けながら対処している内容（研究2、表3-20）もあり、地域での支援を受けることで家族が維持されている状況も確認された。

しかし、研究2（表3-20）では退所して1年後に一時保護されるケースや、施設職員からの電話を家族が着信拒否するといった課題も挙げられていた。また退所後の学校不適応や不登校、ネグレクト、盗みといった問題が表面化している事例も示された。家庭復帰において物理的再統合を進めることばかりが奨励されるような場合は、児童の問題行動が増加することで児童が再び虐待を受けるなどのリスクを高める危険性もはらんでいる。一方、社会的自立後も宿泊交流が継続されている事例（研究3、事例3-13）が示され、退所後も実親との交流を維持しながら宿泊交流先との情緒的な体験が得られており、宿泊交流の有効性が指摘された。また、一時帰宅が

不調で里親委託された事例（研究3、事例3-14）では、里親を活用した新たな家族再統合のあり方について指摘した。

家族再統合プロセスにおいて、「親が施設や児童相談所に対して拒否的な態度である」（一時帰宅中断群）、「親が精神疾患で対応が難しい」（一時帰宅中断群、一時帰宅開始群）などの親側の問題が、児童と家族の関係調整を難しくさせていることが示された。「親が施設側との約束を守らない」「父親が飲酒して施設に来所する」（一時帰宅なし群）などの親の不適切な行動も挙げられており、施設側が親への対応に苦慮している実情が示された。しかし、「親が児童に関心を示すようになった」（一時帰宅開始群）、「施設職員が母親の気持ちを受けとめ続けたことで親和的になった」（家庭復帰群）などの肯定的側面から、一時帰宅の実施や関係調整を繰り返すことで親の姿勢が改善される可能性も示唆された。家族再統合プロセスにおいて、親へのどのような介入が変化につながるかについて、より深い検討を行うことが重要であろう。

2. 家族再統合プロセスと児童の行動および心理的変化

家族再統合にはさまざまなプロセスがあるが、一時帰宅の経過や継続入所および退所状況を指標として整理することで、児童の行動および心理的変化に特徴がみられることが示された。たとえば、一時帰宅が中断されることで問題行動が高まる傾向が示された。また、継続入所児童では2年半の間に反抗行動が高まっていた。一方、退所児童は継続入所児童に比べ問題行動が減少する傾向がみられた。ここでは、個別の事例をもう一度振り返ることで、児童の行動および心理的変化について総合的に検討したい。

研究2では、継続入所児童は退所する児童を見送る機会が増えることで自己の将来への不安が生じることや、一時帰宅の中断によって親に対するネガティブな感情が高まるといった心理的変化について検討した。集団生活の中では他の児童の家族再統合プロセスを身近に感じるため、他の児童の一時帰宅を「うらやましがる」行動にもみられるように集団による影響は大きいと思われる。先行研究では小学生の問題行動が顕著であるといった指摘（菅野・元永, 2006b）もなされているため、年齢層からみた検討も

第6章　総合的考察

必要であろう。また、他の児童の家族再統合プロセスを通して、児童自身の家族の問題に直面することがある。このような機会が児童の心理的な家族再統合プロセスを進める機会にもなるため、そういった視点からも家族再統合を考えていきたい。

　事例3-5に挙げたように親の再婚などで新たな家族を迎え入れる場合、一時帰宅を通して新しい家族との統合に伴う心理的変化が生じることについて触れた。この事例では、母親を継父に「とられた」という感情が起こりやすく、一時帰宅を行うたびに児童と継父との関係に緊張が生じることもあり、児童の気持ちが適切に言語化されず一時帰宅後にそれが問題行動として表現されることも考えられる。しかし、実母、継父ともに児童に関心を強めていくうちに、児童も集中困難・妨害行動が改善していることから、一時帰宅が順調に進んでいることを示している。家族機能に変化がみられた場合は児童の行動に着目し、児童の心理的変化を汲み取る姿勢が重要である。

　社会的自立群においては、生活環境の変化により緊張や不安が高まるといった心理的変化について論じてきた。施設生活が長期化している児童は施設の場や施設職員に依存している場合があるため、依存対象を失うことによる児童への心理的影響は大きいと思われる。そのため、退所後のアフターケアが重要となるが、社会への適応に困難さがみられる場合は対応に限界があるため、子ども家庭支援センターや保健師、子育てサークルなどの地域からのさまざまな支えが重要となってくる。

　家族機能の変容は児童の心理的変化と密接に関連し、それらに連動して児童の行動変化が生じると推測される。たとえば、一時帰宅の中断は児童の不安定行動をもたらす。一時帰宅の中断理由として親の拘禁がいくつか示されたが、これは長期的な拘禁が児童の問題行動の背景にあるといった指摘（鈴木他, 2002）を裏づける結果となった。事例3-3では一時帰宅が中断されたことで心理的に不安定となり、それが「集中困難・妨害行動」の高まりに連動し、さらにECBIに示される家族成員（兄、妹）の問題行動が同時に高まっている。また、事例3-4でも突然の一時帰宅の中断とそれによる心理的な不安定さが引き金となり、他の児童をからかう行動や他

185

の児童を怒らせる行動に関するECBI項目の得点を上昇させている。このことから、一時帰宅の中断が児童の自己制御力の低下や対人関係行動の形成にいかに影響を及ぼすかがわかる。一方、一時帰宅が中断しても問題行動の上昇がみられず、比較的、行動が安定傾向を保ちながら社会的自立した事例もあった（事例3-13）。この事例では施設生活が11年間続き、社会的自立後も施設職員や宿泊交流先との良好な関係が築かれていたことが重要である。したがって、単純に一時帰宅が繰り返されればよいというわけではなく、児童にとって人間関係の体験の質がいかに良質に保たれるかどうかが重要であることを示唆している。

つまり、一時帰宅での対人刺激の質（春日，1987b）そのものが、児童の行動や心理に大きな影響を及ぼすのである。特に、事例3-2では別居した両親の双方の家庭を行き来することによる不安定な刺激状況におかれることに反応して児童の問題行動が顕著にみられ、また事例3-9では両親の離婚による施設入所により同様に「反抗行動」が表出している。両親の別居や離婚は児童の心理にさまざまな葛藤を引き起こし、児童の心理的変化をネガティブな方向に導き、これが持続すれば思考パターンにもネガティブな影響をもたらす。しかし、事例3-2では一時帰宅先を父親に絞ったことで葛藤状況が解決し、心理的な安定を得て児童の問題行動が減少した。また事例3-9では、父親宅への一時帰宅が毎週行われたことで児童の問題行動が改善されている。この2事例では、父親宅での対人刺激の質（春日，1987b）が良質であったことが推測される。

親が再婚した事例（事例3-5）や親が同棲をはじめた事例（事例3-6）では、新しい家族関係に対する期待と希望により児童の問題行動が減少した内容が示された。親の再婚により家庭復帰への希望をもつといった児童の心理的変化が生じている。また、再婚することで親自身が経済的、心理的に安定し、家族機能が回復することで児童のプラスの心理的変化が促進されることとなった。

一方、一時帰宅を繰り返すたびに児童の行動が悪化することもありうる。特に、事例3-15は、児童が母親の身勝手な行動を模倣することで、施設内で問題行動を起こしていることが推測される事例であった。一時帰宅を

186

第6章　総合的考察

中断する積極的な介入をしたことで児童の問題行動が減少していることから、一時帰宅先の体験の質がいかに児童の行動と心理的変化に影響しているかを示している。一時帰宅を行うたびに親の不適切な行動に支配されて、ネガティブな影響を受けて施設に戻ってくるよりも、宿泊交流先の家族と情緒的な相互作用の良質な体験が得られるのであれば、宿泊交流のほうがよりポジティブな心理的変化を引き起こすことが可能であると考えられる。

　一時帰宅が繰り返されていても、親子の相互作用が深まらないこともある。たとえば、事例3-1では児童の表情が乏しく言語化が苦手であり、一時帰宅を単純に繰り返しても親子関係は深まらないことが課題とされていた。この事例は生後まもなく乳児院に入所しており、初期環境の貧困さによるダメージが大きい事例と思われる。しかし、研究4の介入プログラムによって児童本人と心理職の相互作用が生じ、介入条件の工夫も加わり児童の行動や情動表出が変化した。つまり、児童への関わり方の質を改善することで児童の自己制御力が高まり、良質な対人関係行動が形成されていくことが可能であることを示唆している。また、他者が「自分だけに集中して関わってくれた」という自分の存在感に関する情緒的な体験、すなわち児童自身が他者から大切にされていると実感することが、児童の心理的変化をもたらす上で大きいと思われる。

　本研究ではECBIを通して児童の行動変化を示してきた。下位尺度の「食事・就寝阻害行動」にみられるような行儀が悪くなる行動は、単なる問題行動というよりも、心理的な甘えの高まりによって生じているのかもしれない。また、研究3（事例3-14）のように「おねしょ」（夜尿）が改善されることは、児童の情緒の安定を意味する。このように、ECBIを通して児童の行動を細部にわたり分析することで、特定の次元での心理的変化を把握することが可能となった。家族再統合プロセスに伴う行動の変容について、児童の心理的変化を含めてより総合的に考察する必要がある。児童の対人関係が保たれ、ポジティブな心理的安定方向に向かうような家族再統合プロセスを進めていくことがいっそう重要となる。

　これまで、家族再統合プロセスにはさまざまな状況がみられ、児童の行動の背景には児童の心理的変化だけでなく、家族の心理的変化も影響して

いることを指摘してきた。研究5では児童と家族の双方の言動を汲み取る
施設職員の視点から、児童や家族に対するポジティブ／ネガティブ感情と
いった施設職員の感情について、心理職を含めたチームで支えることの重
要性を述べた。家族再統合プロセスを充実させるためには、児童と家族の
関係を調整する施設職員の役割が欠かせないと思われる。児童に心理的変
化がみられ問題行動を引き起こしたとしても、それが支援のきっかけとな
り児童の感情を適切に汲み取ることで児童の行動が安定するかもしれない。
家族再統合プロセスでは児童の心理を支えることが重要であることを再度
強調したい。また、家族再統合支援のあり方については考察のⅣで議論を
深めたい。

　さて、次節では児童養護施設にみられる家族再統合の概念について論じ
る。本研究では家庭復帰のような物理的な再統合のみではなく、心理的な
再統合を強調してきた。その点についても議論を深め、家族再統合の概念
について再検討を試みたい。

Ⅲ　児童養護施設における家族再統合の概念に関する検討

　本研究では、家庭復帰を目指すことだけが家族再統合ではないことを再
度強調したい。すでに述べたように、児童養護施設を退所する場合には、
さまざまな家族再統合の形がみられる。たとえば、社会的自立をしながら
母親と面会をしている事例（事例3-13）が示されたが、家庭復帰とは違っ
た家族関係の再構築ともいえる。この事例では退所後も宿泊交流先と継続
して良好な関係が保たれており、宿泊交流先の家族との体験の質が家族イ
メージを良質にし、母親との関係性にも影響を与えていることが考えられ
る。退所後に家庭復帰ができなくても、母親との面会や宿泊交流先の家族
との交流を継続しながら、心理的な家族再統合が進められているといえよ
う。

　事例3-14では里親に委託された児童を挙げたが、この事例では施設入

第6章　総合的考察

所中に一時帰宅が試みられていたため、里親委託後も実親との交流が可能なケースである。一時帰宅や宿泊交流が不調な場合、児童が里親のもとでの良質な体験を維持しながら、実親が里親宅に訪問する中で児童と実親との関係を築いていくことも家族再統合の形といえよう。本研究では詳しく触れることができなかったが、施設Aではきょうだいでの入所が多かったことから、きょうだい葛藤やきょうだい間の関係性の視点から家族再統合を検討する必要もある。

　研究2では一時帰宅を通して「自分（児童）のおかれた状況が（児童自身で）把握できるようになった」（一時帰宅維持群）、「児童が自分の生い立ちの再確認を自ら行っている」（一時帰宅開始群）などの児童の認識の変化が示されたが、これらも「心理的再統合」を進めていく上で重要である。このように、家族再統合を検討するためには「物理的再統合」と「心理的再統合」の視点で眺めながらその関連を検討する必要がある。

　子どもとその家族が再びつながるための最適レベル（optimal level of reconnection）を維持するために支援する（Warsh et al., 1994）といったことを考えれば、児童の二次的、三次的な心的外傷体験を避けるためにも「心理的再統合」を重視すべきである。本研究では、家庭復帰や一時帰宅を進める上でいくつかの課題を挙げ、家庭復帰を目指すことのみにとらわれることで退所後のリスクが高まる可能性を示した。トムソン（2006）は、保護を必要とする児童の増加や児童養護施設の満杯状態により、児童の安全よりも家庭復帰が優先される事態が起きやすくなっていると指摘しており、「物理的再統合」としての家庭復帰に偏りすぎない姿勢が現場に求められよう。

　家族再統合プロセスは、児童の自己制御力の形成、対人関係の形成、生活習慣の形成に関与しており、家族システムに影響を及ぼすことが研究3で強調された。児童が施設内で自己制御力や対人関係、生活習慣を身につけることで家族との関わりがポジティブに変化しており、これら3つの形成は家族再統合にとって重要な要素となる。

　一方、研究4の事例Bの姉が思春期にさしかかり父親への態度が変化したように、児童が心理的に成長することで家族が戸惑うこともありうる。

そのため、児童の成長を施設職員が家族に伝達し、施設職員が家族とともに育てる姿勢をもつことも重要である。

　家族が成り立たないまま乳児院に入所し、措置変更により児童養護施設に入所した児童もいる。その場合は、家族再統合という考え方が該当しない児童もいるであろう。本研究では詳細な検討はできなかったが、児童養護施設入所後の宿泊交流を通してはじめて家庭での生活を体験する児童も存在すると思われる。このような場合は、宿泊交流による良質な家庭での体験や他の児童の一時帰宅をうらやましいと思うような体験を通して、それまでもっていた家族イメージが修正されていくことが考えられる。そういった意味では家族が身近に存在しない場合でも、宿泊交流によって家族再統合（心理的再統合）が可能であるともいえる。Maluccio（1999）は、"家族再統合の概念は単純化されて論じられることがあり、十分に理解されていないことが多い"と指摘しているが、家庭復帰のような物理的なものとは異なる心理的再統合への理解を深めていくことが重要である。

　さてここで、家族再統合の定義と序論で述べた本研究における定義を踏まえ、家族再統合の再定義を行いたい。

　従来の定義では、"子どもたちやその家族、里親、サービス供給者（service providers）に対するさまざまなサービスや支援による家庭外ケア（out-of-home care）において、子どもたちを家族のもとに再びつなぐために計画されるプロセスのことである"（Warsh et al., 1994）という定義や、家族のもとでの生活に再び復帰すること（澁谷・奥田, 2004）のみを指す狭義の捉え方、親子が親子であり続けられる関係の再構築を行い、親子が安全かつ安心できる状態で互いを受け入れられるようになる（井戸, 2004）といった広義の捉え方がみられている。

　序論ではWarsh et al.（1994）や井戸（2004）に近い概念として児童の心理面に着目し、本研究における定義として「何らかの事情で分離した児童と家族に家族関係の問題や重要性が認識され、何らかの家族関係の回復がなされ、家族と再びつなぐ試みがなされること」と示した。児童と家族が心理的な相互作用の中で互いに受け入れていくという意味で、心理的再統合という言葉を用いて論じてきたことが独自の視点である。そこで、児童

養護施設における家族再統合の再定義として、「家族再統合とは、家族から引き離された児童とその家族が家庭復帰するといった物理的な再統合だけが目指されるのではなく、家庭復帰しない者も含め児童と家族（養育者）との間に心理的な相互作用が生じ、交流を通した良質な体験を深めることで、児童と家族（養育者）が互いに心理的に受け入れるプロセスである」としたい。

　施設に入所した体験が児童のその後の人生でどのように捉えられるかは施設職員と児童、施設職員と家族との間での相互作用が児童と家族の関係にどう影響するか次第であると思われる。児童と家族の心理プロセスを踏まえた関係調整が良質であることで心理的再統合が促進され、結果として家庭復帰といった物理的な再統合となるのである。しかし、心理的な家族再統合は短期間で成果を出すことが困難なため、生涯発達的な視野で捉えるべき作業である。このような家族再統合の概念を論じることで、児童養護施設における家族再統合プロセスをより有意義なものとする一助になると考える。

Ⅳ　児童養護施設における家族再統合支援のあり方

　研究5では、施設職員による関係調整の循環が児童の心理プロセスや家族の心理プロセスに影響を与え、児童や家族の心理的変化となることに言及した。また家族再統合プロセスは、児童や家族、施設職員の心理プロセスが相互に交わる中で進められていることにも言及した。そして、家族再統合プロセスの中では、施設職員の家族に対するネガティブな感情が児童や家族に伝わってしまうことで関係調整が不調になることも考察した。そのため、施設職員のポジティブな感情が家族に伝わるような対人刺激の質（春日, 1987b）が求められる。そのためには、心理的再統合の視点から児童と家族の相互作用に着目し、また施設職員のネガティブな感情に気づき、その感情をどう扱っていくか心理職を含めたチームでの支援が重要となる。

　児童養護施設における一時帰宅の意義を考えると、家庭復帰群の68.7%

が基礎調査時に一時帰宅を行っていたことから、一時帰宅の実施は家族再統合の支援として効果的であると思われる。研究2では、「一時帰宅を積み重ねたことで親子関係が深まった」「一時帰宅を繰り返すことで施設生活が安定した」などの肯定的側面が挙げられた。しかし、一時帰宅維持群ではECBI得点に大きな変動はみられなかったものの、わずかに得点が高まっていた。一時帰宅を積み重ねることが親子関係の深まりをもたらすと思われるが、家族からの不適切な関わりによる児童への心理的影響にも留意しなければならない。

　一時帰宅先の体験において、親の精神疾患による悪影響や生活習慣の乱れなどの課題もみられた。たとえば、研究1（表2-9）では「児童が不安定な母親の模倣をする」といった親への同一化や、「母子依存が心配である」といったいわゆる共依存に関連した状態が指摘された。単純に一時帰宅が繰り返されればよいというわけではなく、一時帰宅先での体験の質をどのように高めていくかが家族再統合のあり方を考える上で重要となる。

　一時帰宅先では児童が衝動的な言動で親を困らせることも想定されるが、児童の行動に対して親がゆとりをもって接することが困難な場合もある。そのため、児童が自己制御力を身につけ、自己の感情を親に適切に言語化できることも家族再統合プロセスにとって重要である。また、児童が施設内で対人関係スキルを高めることは、一時帰宅先での親子関係を促進するだけでなく、退所後に関わる人たちとの良好な関係を築くことにもつながるであろう。また、施設内で生活習慣を身につけ、生活習慣の大切さを実感することも重要である。一時帰宅先や家庭復帰先の家庭が乱れていたとしても、施設で培った生活習慣を基盤として児童自らが生活を修正していく場合もあろう。このように、自己制御力の形成や対人関係の形成、生活習慣の形成を施設で適切に身につけることで児童自身が心理的に成長し、家族再統合プロセスにプラスの影響を与えると思われる。

　本研究では実親との関わりだけでなく、実親以外の家族との関係性も児童の心理的再統合に重要であることを指摘してきた。宿泊交流の肯定的側面として「社会的な経験や人間関係が豊かになる」といった内容から、児童が施設を退所してからの人間関係の広がりにも影響を及ぼすことが推測

される。いっぽう研究1では、宿泊交流を行っている児童の中には実親との家族関係の修復が難しいといった内容も挙げられている。そのため、宿泊交流を通して家族イメージを修正し、新たな家族イメージを形成するプロセスは、心理的な家族再統合プロセスの重要な要素といってもよいであろう。

　繰り返し述べてきたように、退所後も宿泊交流を行っている事例（研究3、事例3-13）では、宿泊交流での体験が退所後も心理的な支えとなっていることがうかがえる。一時帰宅や家庭復帰だけでなく、宿泊交流での体験を重視することも家族再統合支援となりうる。

　研究4では施設内での個別支援として介入プログラムを行うことで、児童の行動アセスメントを通して施設職員や家族にフィードバックできることを指摘した。また、児童を家族とともに育てる視点から、家族を支援チームの一員とすることも重要である。しかし、家族からの協力が得られない場合があるため、研究5のような関係調整の中で協力が得られるように働きかけていくことが求められる。

　児童養護施設には児童の養護だけでなく、家族システムの中にある不安要因を除去するための支援（春日，2000）が求められているといえよう。近年では、親を対象とした家族再統合のための支援プログラムが児童相談所や一時保護所内にて行われ、研究が進められている（加藤・福間，2005; 岩田，2007）。しかし、支援プログラムのために交通費を払い、公的機関まで出向くことは親にとって大きな負担となることもある。また、児童相談所への不信感がある親は行政サービスに抵抗することも考えられる。一方、児童養護施設では親が一時帰宅のために児童の送迎を行っており、親が施設に出向く必要がある。そのため、児童の送迎時を利用し、施設内での親との雑談や連絡などを通して、親を不安にさせないような支援が行えるであろう。

　児童養護施設では、施設措置が一度解除されると、その後児童が施設を柔軟に利用することは現実的に難しい。研究2では退所後の施設職員によるアフターケアとして、家庭訪問や小中学校への行事の出席、電話や手紙でのフォローなどが挙げられており、このようなアフターケアの充実によ

り児童が心理的に支えられていることがわかる。しかし、アフターケアの内容には施設職員の個人差があると思われるため、施設全体でのアフターケアのあり方について検討する必要がある。

　フランスでは、家庭復帰後も里親委託が柔軟に利用可能である（菊池, 2004）といった報告があるが、日本の児童養護施設でもアフターケアに関して柔軟な対応が求められるであろう。研究3では、家庭復帰後に親子関係が不調になる事例が挙げられており、再入所が懸念される。児童が施設や里親を転々とする事態は避けなければならない。退所後も一時的に支援機関に児童を預けるといったショートステイの利用で親が地域で支えられる事例が示されたが、ショートステイ制度は短期間の利用しかできないという支援の限界もみられる。そのため、退所後のアフターケアとして地域との連携を重視し、つぎの支援につなげていくための準備が必要となろう。

　児童養護施設におけるアフターケアとして、現段階での児童養護施設の状況では難しいかもしれないが、退所後も慣れ親しんだ施設に児童を柔軟に受け入れ、児童を含めた家族を支えられるような継続的な支援体制を早急に検討すべきである。しかし、この考え方は児童の施設への依存を生むとの批判もあろう。そのため、児童相談所の児童福祉司との連携の強化、地域の関係機関との密接な連携が重要である。研究3で挙げた事例3-12では複数の関係機関により児童の社会的自立を支えているが、関係機関が連携し、協議を重ねたことが児童の具体的な支援につながった成功事例である。また、措置という発想からサービスという発想への転換、家庭支援専門相談員（ファミリーソーシャルワーカー）の活用、エンゼルプランの施策による地域での家族支援などが有効に作用することが今後の課題である。特に、家庭復帰や措置解除、措置変更の判断を行う児童相談所と家族の関係が退所後も悪化しないようにすることも重要である。

　研究5の施設職員による関係調整では、児童相談所を拒否している親に対し児童相談所との関係改善を促す施設職員の働きかけが示されているが、退所後も家族と児童相談所との調整役となるような存在が必要であろう。退所後のアフターケアは施設では限界があるため、児童相談所だけでなく地域の子ども家庭支援センターや学校、保健師などと連携をとりながら支

援を継続させることが重要である。

　研究3の個別事例（事例3-14）では里親委託の事例が示された。一時帰宅が不調の場合は施設入所が長期化する可能性があるため、里親のもとで家族のぬくもりを感じながら家族再統合を目指すという視点も必要であろう。里親的な制度として宿泊交流の実態を示してきたが、里親制度を日本に根づかせるためには宿泊交流での家族との相互作用の質を分析することが手がかりとなりうる。事例3-14では里親委託後の3ヶ月は問題行動がみられており、一時帰宅なし／宿泊交流あり群の事例（表2-9）でも自己中心的な言動が課題となっているため、実親以外の家族との交流がもたらす児童の行動について理解を深める必要がある。

　本研究における家族再統合の再定義では、心理的な再統合の視点の重要性を指摘した。家族再統合支援を行うためには児童の心理的変化だけでなく、家族の心理的変化にも着目しながら児童の行動変化を捉えていくことが重要であることを再度強調したい。

V　児童養護施設における家族再統合アセスメント

　児童養護施設の施設職員は、児童への養育と並行しながら家族再統合を促進する役割を担っている。しかし、このことによって施設職員が家族再統合について客観的に捉えることを難しくさせる場合もある。家族再統合を客観的に捉えるためには、アセスメントについての議論が有益である。そこで、家族再統合プロセスにおいて重要なポイントとして導き出されたアセスメントとして、1) 一時帰宅の可能性に関するアセスメント、2) 一時帰宅先での体験の質に関するアセスメント、3) 一時帰宅後の児童の言動に関するアセスメント、4) 関係調整アセスメント、5) 退所前後のアセスメント、の5つのアセスメントについて検討したい。

1．一時帰宅の可能性に関するアセスメント

　一時帰宅の可能性を検討する上で、一時帰宅に対する児童の意向と家族

の意向を確認することが重要である。特に研究1では家族の要望による開始がほとんどであったため、児童の意向を尊重する必要がある。また、児童の行動を家族が受け入れることができるかという視点も求められる。研究2の考察で指摘してきたように、児童の自己制御力や対人関係、生活習慣がどの程度形成されているかどうかが重要であり、一時帰宅を受け入れる家族が戸惑い、再虐待のリスクが高まるようなことがあってはならない。また、親自身の自己制御力や対人関係の形成が乏しい場合は、一時帰宅を繰り返しても一時帰宅が有害となる場合もある。たとえば研究3の事例3-15では、親の身勝手な行動により児童が不安定になることを指摘しているため、親の性格や行動パターンについて児童相談所と情報を共有していく必要がある。

　庄司（2004）は一時帰宅への条件として、面会が定期的にあること、実親および児童がともに一時帰宅を希望していること、面会後に悪影響がみられないこと、児童相談所が実親の家庭の状況を把握し危険が予想されないこと、の4つを挙げているが、実際は一時帰宅を実施する中で児童と親の状況を確認しながら進めていくこともあると思われるため、その場合は一時帰宅のリスクを想定した対応が求められる。

　一時帰宅の実施には、家族が施設職員や児童相談所の児童福祉司と良好な関係を築けるかということも1つの目安となる。また、一時帰宅の前段階の面会で家族が面会時間などの約束を守れるかということも重要な情報である。児童相談所などの関連機関が連携し情報共有しながら対応していくことが、あらゆるリスクを低めると思われる。

　児童や家族の一部は、児童相談所の児童福祉司を「支援してくれる人」というよりも「家族を引き離した人」と捉えている場合もある。また、児童や家族が児童福祉司に対するネガティブな感情が生じることで本心を語らない場合もあり、児童や家族と児童福祉司との関係が悪化していることもある。そのため、児童や家族と児童相談所との関係性をアセスメントする必要がある。そして、研究5でも示されたが、施設職員が家族に対して「児童相談所との関係性の促し」（表5-2）を行うことも一時帰宅を実現させるための重要な役割でもある。

196

第6章　総合的考察

　児童が児童養護施設に入所する前に、児童相談所などで一時保護されていた当時の情報を児童相談所から得ることも重要である。一時保護を通しての社会診断や心理判定、児童の行動観察、医学診断などがどのようになされ、何が課題になっていたかということを再度確認する必要がある。その上で、一時帰宅の可能性について検討することが望まれる。

2.　一時帰宅先での体験の質に関するアセスメント

　本研究では、研究1から研究3にて一時帰宅での肯定的側面と課題を示してきた。一時帰宅先の家族とどのような体験をしているかが一時帰宅の有効性や家庭復帰の判断をする上で重要な情報となる。しかし、一時帰宅先でのすべての様子を支援者側が直接観察することは難しい。そこで、一時帰宅先での様子を児童と家族に尋ねた上で、一時帰宅前後の児童の施設内での行動を観察しながらアセスメントする必要がある。

　一時帰宅の送迎時に家族との面会の場で一時帰宅先の様子や家族の生活状況を尋ねることは、家族と施設職員の関係改善を促進するきっかけにもなる。そこでは、施設職員が一方的に情報を尋ねるだけでなく、施設内での児童の生活の様子を家族に伝え、児童への関心を高めてもらうことも必要であろう。児童や家族に尋ねる場面では、臨床心理面接の技法が役立つため、心理職による施設職員へのコンサルテーションが重要な意味をもつ。繰り返し述べることになるが、家族を子育ての支援チームの一員となるように働きかけることが、家族再統合支援の大きな一歩となろう。

　しかし、児童が一時帰宅先での親から受けた再虐待や不適切な関わりを施設職員に伝えると「一時帰宅を中断させられるのでは」と考える場合や、「家庭復帰が困難になる」と心配する場合もあろう。家族の立場からも、児童を家庭復帰させたい気持ちが強まり、一時帰宅先での肯定的な側面しか語らない場合もあろう。そのため、研究1から研究3で行ったようなECBI得点の変動を追跡的に確認していくことも重要である。また、一時帰宅前後の児童の行動に着目することで、言語化されにくい児童の心理面を察するきっかけとなる。菅野・元永（2006a）は、一時帰宅前後の児童の行動をアセスメントするためのチェックリストの開発を試みており、実

197

用化には至っていないものの現場での活用が期待される。

　研究2では一時帰宅先で児童が一人で過ごす様子や精神疾患の親の悪影響があるといった課題も示された（表3-13）。一時帰宅先の実態は児童や家族からの情報だけでは限界があるため、一時帰宅先に児童相談所の児童福祉司や施設の家庭支援専門相談員（ファミリーソーシャルワーカー）が訪問し、一定の時間親子の関わりを観察するという方法も有効であるかもしれない。特に、親の離婚や再婚、親の転居など家庭環境が急激に変化した場合は直接的に介入して児童の安全を確認する必要がある。しかし、このような介入は家族が支援者側への抵抗感を強めることもあるため、支援者と家族との信頼関係を少しずつ築き、家族から協力を得られるように働きかけていくことが求められる。

3. 児童の行動および心理的変化に関するアセスメント

　本研究では施設内での児童の行動を捉えるためにECBIを用いた。ECBIでは児童の問題行動というネガティブな側面だけでなく、自己制御力の形成や対人関係の形成、生活習慣の形成がどの程度達成され、もしくは改善されているかといったポジティブな側面からの検討が可能である。ECBIを通して継続的に児童の行動の変化を捉え、その背景にある児童の心理的変化を家族再統合の視点からアセスメントすることが重要である。また、研究3のようにECBIの全項目の変化を質的に検討することで、個別での行動変化が明確に示された。ECBIを使用することで児童が項目ごとに達成できていることを検討する上でも意義がある。また、ECBIで得られたポジティブな変化を家族にフィードバックし、児童を褒めてあげるような関わりにつなげることも必要である。

　研究4では介入プログラムによる行動観察を行ってきた。この介入プログラムでは、心理職が心理的支援を実践しながら行動アセスメントを並行して行えるという点に意義がある。しかし、介入プログラムをどのように家族再統合支援に活かしていくかが重要であり、本研究の課題でもある。これまでにも触れてきたが、行動観察で得られた児童の情報を親に伝え、親が子育てに関心を高めてもらうような支援が求められる。介入プログラ

第6章　総合的考察

ムはプログラムによる成果を視覚的なデータとして提示することが可能なため、アセスメントの結果を施設職員や家族にわかりやすくフィードバックできることが利点である。

4. 関係調整アセスメント

　関係調整アセスメントについては研究5の考察で詳しく述べたが、関係調整アセスメントを行うことで、児童と家族の行動および心理的変化の視点から児童と家族の相互作用が総合的に捉えられる（図5-1）。また、児童と家族の関係調整を通して、施設職員のポジティブ／ネガティブ感情が浮き彫りになる。これらの施設職員の感情を含めた児童、家族、施設職員のそれぞれの関係を心理職がアセスメントすることで、施設職員のネガティブな感情を修正し、関係調整の悪循環を回避させうるであろう（図5-2）。菅野（2006）は、支援者側が児童の語る親への不満を受容、共感しすぎることで、児童が支援者側への依存性を強め、親子間の関係を悪化させる可能性を指摘しているが、このようなことを避けるためにも関係調整アセスメントが重要となる。児童や家族は施設職員の非言語的な行動を敏感に感じ取るため、関係調整での言語化されない相互作用に着目していく必要がある。

　施設職員による関係調整は生活支援の現場で雑多な中で行われるため、児童と家族にどのように関わり、そこからどのような感情が起こっているかといった施設職員の心理プロセスを客観的に捉える機会が少ないと思われる。そこで、心理職による施設職員へのコンサルテーションを通して関係調整をアセスメントすることで、施設職員に新たな示唆を与え、施設職員のゆとりをもたらすことができると思われる。また、精神疾患の親など施設職員が対応に困難さを感じているケースについては、心理職が面会場面に同席し、必要に応じて介入しながら施設職員を支えていくことも重要である。

5. 退所前後のアセスメント

　退所前後には児童の行動変化がみられるため、ECBIを用いながら児童

の行動変化を把握し、児童の心理的変化に着目していく必要があろう。特に、言語化されにくい児童の感情を察することが求められる。家族の家庭復帰の要望が強い場合は表面に表れる児童の意思が本意でない場合も想定されるため、施設職員に本心を語れるような関係を日常生活で築くことも重要であろう。退所前後は児童の自己制御力や対人関係、生活習慣がどれだけ改善しているかをECBI下位尺度でアセスメントすることも、退所後の生活を予測する判断材料となる。

　菊池（2004）は、心理的フォローアップのない措置解除は危険であると指摘しているが、退所前に家族と支援者との話し合いが決裂し、対立した雰囲気のある中で児童が家族復帰するような事態は避けなければならない。家族と支援者との対立の背景には関係調整の悪化が影響していると推測されるため、心理職による関係調整アセスメントが特に重要となろう。また、事例3-11は施設生活のルールを守れず「自由に暮らしたい」という自己中心的な動機により家庭復帰した事例であった。このようなケースは家庭でのルールを守らないといった問題行動を起こす可能性もあるため、家庭復帰後のリスクを想定したアフターケアが重要となる。

　研究2と研究3では施設退所後のアフターケアについて示されたが、個別事例によってアフターケアがなされていない事例があったことから、施設職員の個人的な感情によりアフターケアが行われていることも想定される。また、児童相談所の児童福祉司と施設職員がどのように役割分担してアフターケアを行うかといった方針があいまいな場合も考えられる。施設では家庭支援専門相談員（ファミリーソーシャルワーカー）が配置され退所後のアフターケアの役割も期待されているため、児童相談所と協議しながら役割分担を明確にし、退所後の経過をアセスメントすることが重要である。特に、施設内で問題行動が解消されないまま退所したケースや再虐待が懸念されるケースなどは、退所後に生活している地域と連携し、継続的に情報を把握していく必要がある。子ども家庭支援センターや学校、保健師などの関係者との連携が退所後のアセスメントをより充実させるであろう。

第6章　総合的考察

Ⅵ　児童養護施設における心理職の役割

　児童養護施設では心理職がどのように活用されるべきであろうか。今後家族再統合に関する支援へのニーズがますます高まることが考えられるため、ここでは家族再統合支援に関連する心理職の役割について本研究の成果を基に表 6-1 にまとめてみた。

　心理的支援としては、場所や時間の枠が構造化された心理的支援と、比較的に場所や時間の枠が緩やかな構造化されていない心理的支援の 2 つに分けた。構造化された心理的支援としては、心理療法と介入プログラムを挙げた。心理療法では、守られた枠の中でセラピストとの関わりを通して家族をテーマにした遊びが展開されることもあるため、研究 5 でみられるような言語化されにくい家族に対する児童の心理的変化を捉える手がかりになると思われる。また、森田（1989）は、施設に入所する以前に家庭の崩壊によってもたらされた児童の心理的葛藤の軽減に目を向ける必要があると言及しているため、家族再統合プロセスに沿った心理的支援が必要である。また、児童が小学校高学年や思春期であるならば、児童が自身の問題行動について悩んでいることもあるため、児童の問題行動を心理療法場面で扱い、日常場面への適応について一緒に考える姿勢をもつことも重要である（藤岡, 2006）。研究 2 では一時帰宅中断群の児童の多くで個別での心理的支援を実施していた。一時帰宅の中断は児童の心的外傷体験となりかねないため、個別での心理的支援が特に必要とされるであろう。

表 6-1　家族再統合支援に関連する心理職の役割

1. 心理的支援
　a. 構造化された心理的支援（心理療法、介入プログラム）
　b. 構造化されていない心理的支援（生活支援）
2. 心理アセスメント、心理検査
3. 家族支援
4. コンサルテーション
5. 連携（施設内、児童相談所、学校、病院、地域の支援機関）
6. 研修・啓発活動

研究4では、これまで児童養護施設の心理的支援として主流とされている心理療法（プレイセラピー）以外の手法として、行動分析学に基づいた介入プログラムを提示した。児童養護施設における家族再統合プロセスに着目した介入プログラムとしては、新たな実践の試みといえる。また、木村（2008）は、児童の対人関係能力や問題解決能力を向上させるための「セカンドステップ」という少人数プログラムを試みている。児童養護施設での介入プログラムが、家族再統合支援としてどのような効果をもたらすか、研究分野での充実が求められる。

　構造化されていない心理的支援としては、生活支援を挙げた。生活支援は、児童が生活している空間に心理職が入り生活場面に直接的に関わることで、一時帰宅で揺れ動く児童の様子や児童の問題行動について心理学的立場から観察することが可能となる。

　心理アセスメントとしては、研究1から研究3で使用したECBIでの行動変化のアセスメント、研究4の介入プログラムによる行動アセスメント、研究5の関係調整アセスメントが本研究で該当するアセスメントである。しかし、いくつかのアセスメントを併せて家族再統合プロセスを評価する必要がある。心理検査としては、発達検査や性格検査、投影法などを通して家族関係に関連する内容を抽出し、施設職員にフィードバックすることができる。また、施設職員だけでなく、家族に対しても心理検査の結果を肯定的に伝えることで、児童への関心を高めることも考えられる。

　家族支援としては、家族再統合プログラムといった構造化された枠ではなく、施設内での一時帰宅の送迎時に来所した家族と立ち話を行うことや家族の状況に応じて面接を行うことも重要である。序論では親に対する家族再統合プログラムについて触れたが、施設内で心理教育的なプログラムを行うことに抵抗感をもつ親がいるため、半構造化された緩やかな枠を提供することが家族支援のきっかけになる。研究1から研究3では精神疾患を抱える親の対応で苦慮している内容が示されたため、心理職が面接に同席し施設職員を支えるような役割も期待される。心理職が親を直接観察し、状況に応じて関わることで、臨床心理的な視点から施設職員に示唆を与えることもできよう。

第6章　総合的考察

施設職員へのコンサルテーションでは、支援チームとして児童を支える姿勢が求められる。その中でも研究5の図5-2で示したように、施設職員のもつ児童や家族に対する感情を客観的に捉える必要がある。心理職の常勤化が進むことで、施設職員へのコンサルテーションの質の向上が期待される。

連携としては、施設内だけでなく児童相談所、学校、病院、地域の支援機関との連携が挙げられる。児童相談所の児童心理司や心理判定員との連携では、相互の情報共有が多角的な家族再統合支援を生み出す。研究3の個別事例では、退所した後に地域で支えられている事例が示された。学校、病院、その他の地域の支援機関（子ども家庭支援センター、公立教育相談機関など）には心理職が存在する場合があるため、児童が施設を退所し地域で育まれることを考えれば、地域の心理職と連携をとりながら退所してからも心理的支援の継続性を維持する取り組みが重要である。

2005年から各児童養護施設に家庭支援専門相談員（いわゆるファミリーソーシャルワーカー）が配置されつつあり、家庭訪問やアフターケア、地域連携などの充実が求められている。家族への対応に苦慮するような事例や、連携が順調に進まない事例について心理職が家庭支援専門相談員を支えていく役割も期待される。

最後に、研修・啓発活動である。日本では家族再統合の概念は比較的新しいため、家族再統合についての理解を助ける研修が必要である。特に、家族再統合プロセスのあり方について施設職員が関心を高めていくことが、家族再統合の促進となる。また、家族再統合プロセスが児童や家族の心理にどのように作用し、心理的に影響するかといった理解が深まるような啓発活動を心理職が担うことに期待したい。特に、困難ケースやチームでの支援が必要とされる事例の検討を通して、心理職をどのように施設に役立てるかといった議論も心理職への関心を高める。また、宿泊交流や里親制度が有効に利用されるためにも、宿泊交流事例や里親委託事例について心理学的な視点から施設職員や関係者に示唆を与えていくことも求められる。

東京都社会福祉協議会児童部会（2003）の調査による児童養護施設での心理職の業務内容を表6-2に示した。これをみると、児童への心理療法が

203

表 6-2　児童養護施設における心理職の主な業務（上位 6 項目）

1. 児童への心理療法
2. 施設職員へのコンサルテーション
3. 会議への出席・助言
4. 児童相談所・病院との連携
5. 生活場面での心理治療
6. 児童への心理検査

（東京都社会福祉協議会児童部会, 2003）

多数であり、続いて、施設職員へのコンサルテーション、会議への出席・助言、児童相談所・病院との連携、生活場面での心理療法的関わり、児童への心理検査が上位を占めている。

　表 6-1 をこれと比較してみると、上位 6 項目には入っていない内容として、心理的支援としての介入プログラムや家族支援、研修・啓発活動が挙げられる。また、表 6-2 では児童への心理療法と生活場面での心理治療が分けられて示されているが、表 6-1 では心理的支援を構造化された心理的支援と、構造化されていない心理的支援の 2 つに分けたところに注目されたい。心理療法や介入プログラムのような枠組みを重視する支援だけでなく、生活場面での児童への関わりを通した柔軟な対応も期待される。また、従来の心理職は家族支援に消極的な印象を受ける。これは、児童への個別対応に追われ、非常勤の心理職が多いこともあり家族支援を行う時間的ゆとりがないことが考えられる。今後、心理職の常勤化が進められていくことで、家族支援も含め施設のニーズに応じた心理職の多様な試みが期待される。特に、現状では家族再統合の視点から心理職がどのように関わり、支援していくかといった議論は深まっていないため、家族再統合支援としての心理職の役割に期待したい。

Ⅶ　現代社会における児童養護施設と家族再統合

　親子関係にリスクが生じた際に一時的に親子を引き離し、児童が家族と距離をおいた状態で避難させる介入が、児童相談所による一時保護である。

第6章 総合的考察

一時保護終了後家庭に戻ることもあるが、家庭に戻すのは難しいと判断された児童が生活しているのが児童養護施設の現場である。本研究（特に研究3の個別事例）でも示されたが、児童虐待問題、離婚問題、ハイリスクファミリーの問題といった現代社会の家族の諸問題が児童養護施設の事例に凝縮されており、それらの諸問題に揺れる児童がいる。そして、それら児童の言葉にならない訴えが、行動化として表現されていると言えるのではないだろうか。

　児童養護施設は他の児童福祉施設と比べ全国的に多く、また措置理由や児童の年齢をみても受け入れる幅が広いことが特徴である。乳児院や児童自立支援施設、情緒障害児短期治療施設の入所基準に該当しない児童を受け入れており、児童の保護の観点から重要な役割を担っているといえよう。また、児童養護施設は児童と家族が再び出会うきっかけを与える場でもあり、家族システムの修復を助ける役割も担っているともいえる。また、少数ではあるが児童養護施設の入所児童が他の児童福祉施設に措置変更する場合もある。そのため、他の児童福祉施設の現代社会における役割も含めて検討すべきである。

　家族再統合は児童福祉分野では主要なテーマであるが、世間一般にはまだ馴染みが薄いかもしれない。しかし、児童養護施設における家族再統合に限らず、一般家庭においても家族再統合といった視点で家族関係や家族の問題を考えることは意義があると思われる。たとえば、単身赴任の父親が家庭に戻ってきた場合や、親と別居し実家とあまり交流がなかった子どもが親の老いをきっかけに同居し、親の世話を通して家族の問題に向き合うプロセスでは、心理的再統合の作業も重要となる。また、親子関係の葛藤を抱えながら同居していた青年が、大学進学や就職などをきっかけとして別居し親から距離をおいて家族の問題を見直すことも再統合プロセスであるといえる。また、結婚を機に元の家族イメージを修正し家族関係を捉えなおす過程も、心理的再統合のプロセスといえるであろう。その意味では、児童養護施設から社会的自立した児童が、結婚を機にどのような心理プロセスを経ているか興味深いところである。

　里親委託は日本では十分に根づいていないが、海外では施設よりも里親

205

でケアすることが主流となっている。フランスでは里親委託が柔軟に利用されており（菊池, 2004）、里親プログラムがリスクのある家族を減少させるといった指摘（Landy & Munro, 1998）もある。研究3では、児童養護施設から里親に委託された事例（事例3-14）を提示したが、里親のもとで家族再統合に向けた支援が継続される場合もある。今後は、里親委託を活用した家族再統合に関する議論を深め、里親が養子縁組とは異なるということを含めながら国民の理解を得ることが重要となる。日本の現状として、子育てを家族のみに任せる風潮があるため、子育てを社会全体の責任として考えていくことも重要である。その流れの中で、里親制度について国民に向けた啓発活動を行うことが期待される。

　また、適切な一時帰宅先がない児童の場合に宿泊交流先として受け入れ先が少ないことも課題となっている。宿泊交流の意義を十分に理解してもらうことが大切である。社会的自立してからも宿泊交流先からの支えを得ている事例があるように（研究3、事例3-13）、施設退所後の社会資源としても宿泊交流先は可能性を秘めている。これも子育てを地域社会全体の責任として考える流れの中に位置づけられよう。

　このように、家族再統合プロセスの視点は、現代社会における家族の諸問題への理解と対応を深める上で有効であろう。また、児童養護施設での実践をより充実させるためには、家族再統合の理解が必要であろう。そして、本研究をさらに深めていくことで、現代社会が抱える家族システムの病理を検討するきっかけになると思われる。

Ⅷ　本研究における課題と展望

　本研究では、1ヶ所の児童養護施設の児童を調査対象としており、他の児童養護施設と異なる性質がみられることも考えられるため、本研究の事例研究の結果を一般化することはできない。しかし、家族再統合プロセスと児童の行動変化および心理的変化に着目して97人のその後を追った研究はこれまでになく、本研究の意義もそこにある。

第6章　総合的考察

　今回は児童の行動や心理的変化といった児童を中心とした検討が主であり、家族を調査対象としなかった。そのため、今後家族を直接調査対象とした研究を行うことが求められよう。たとえば、児童を再び受け入れるといった親の心理的再統合の過程で、親にどのような心理状態がみられ、どのような心理的変化が起こるのかなどの家族を対象とした研究である。

　研究1では宿泊交流について触れたが、本研究では家族再統合プロセスに着目したため宿泊交流を追跡的に調査しなかった。宿泊交流は家庭復帰できない児童に対して心理的な家族再統合プロセスを促す上で重要である。また、宿泊交流は児童が実親以外の家族と交流するという点では里親と類似している。そのため、宿泊交流の有効性や課題をより詳しく検討することで、里親委託を日本に定着させるための議論が深まるであろう。

　また、研究2で触れたが、きょうだい間の行動に着目した家族再統合プロセスについて詳しく検討する必要がある。本研究は親子間に焦点を当てているが、家族システムの視点からきょうだいに着目することも重要である。今回は家族再統合プロセスについて2年半の経過を追ったが、より多くの年数を経ての研究が必要であろう。そのため、13年間の事例経過を追った春日（1987a）のような縦断的な研究が求められる。また、フォローアップとして退所した児童のその後の経過を長く追うことが、家族再統合の議論を深めることになるであろう。

　さらに、施設に入所中から、または場合によっては施設入所前から退所後の児童相談所も含めた地域支援について準備することも重要である。それらを検討する上で、児童養護施設が地域のさまざまな機関と連携することや地域住民による児童と家族への支援もより詳細に検討していく必要がある。

　今後の展望としては、児童や家族に対してどのような心理的支援が必要であり、施設職員を心理的にどのように支えていくことが必要かなどについて具体的な検討が求められる。特に、児童の家族再統合プロセスに沿った心理的支援として、個人だけでなく小集団に対する介入プログラムの試みなども期待されよう。また、心理的支援に関する研究分野を充実させることも重要となる。その上で、児童相談所などが提供する家族再統合支援

に適応できない家族に対して、児童養護施設内で行えるような心理教育的な家族再統合プログラムを検討することも今後の課題となる。

文　献 (アルファベット順)

Allen, M., & Bissell, M. (2004). Safety and stability for foster children: the policy context. *Future Child, 14,* 48-73.

American Psychiatric Association (2013). *Desk Reference to the Diagnostic Criteria from DSM-5.* Washington D.C.: American Psychiatric Association. (髙橋 三郎・大野 裕 (監訳) (2014). DSM-5 精神疾患の分類と診断の手引　医学書院)

安藤 朗子 (2006). 学童期における心の発達と健康　母子保健情報, *54,* 53-58.

朝日新聞 (2006). 両親虐待、3 歳死亡　2006 年 2 月 9 日朝刊

Ayllon, T. (1999). *How to use token economy and point systems.* Second edition. Texas, PRO-ED, Inc.

Dattilo, J., & Rusch, F. R. (1985). Effects of choice on leisure participation for persons with severe handicaps. *Journal of the Association for People with Severe Handicaps, 10,* 194-199.

Dunlap, G., dePerczel, M., Clarke, S., Wilson, D., Wright, S., White, R., & Gomez, A. (1994). Choice making to promote adaptive behavior problems. *Journal of Applied Behavior Analysis, 27,* 505-518.

Eyberg, S. (1992). Parent and teacher behavior inventories for the assessment of conduct problem behaviors in children. In L. Vandecreek, S. Knapp, & T. L. Jackson (Eds.), *Innovations in Clinical Practice* (pp.261-270). Professional Resource Press.

藤岡 大輔 (2006). 児童自立支援施設における心理面接についての一考察　首都大学東京・東京都立大学心理学研究, *16,* 31-38.

服巻 繁・島宗 理 (2005). 対人関係の行動分析学―看護・福祉職をめざす人の ABA 入門―　ふくろう出版

Haight, W. L., Kagle, J. D., & Black, J. E. (2003). Understanding and supporting parent-child relationships during foster care visits: attachment theory and research. *Social Work, 48,* 195-207.

平澤 紀子・藤原 義博 (2002). 激しい頭打ちを示す重度知的障害児への機能的アセスメントに基づく課題指導―課題遂行手続きの形成と選択機会の設定を通じて―　特殊教育学研究, *40,* 313-321.

本田 恵子・鈴村 眞理 (2006). SST ボードゲーム (なかよしチャレンジ)　クリエーションアカデミー

井出 浩 (2004). 児童相談所の役割と課題―虐待にどう対応するか―　そだちの科学, *2,* 21-24.

井出 智博（2007）．児童養護施設における心理職の多様な活動の展開に関する文献的検討　福祉心理学研究，*4*, 44-53.

井戸 崇（2004）．児童相談所における家族再統合の取り組み―心理判定員の立場から―　世界の児童と母性，*57*, 30-33.

今井 麻美（2006）．家庭から幼稚園への移行期における子どもを持つ母親の心理的変化　乳幼児教育学研究，*15*, 97-105.

入江 多津子（2005）．児童臨床　津川 律子・元永 拓郎（編）心の専門家が出会う法律　第2版　―臨床実践のために―（pp.39-53）　誠信書房

岩田 充宏・鈴木 淳子・加藤 秀一・山本 理沙・梨本 哲・上林 信好・金井 剛・三宅 捷太（2006）．児童福祉施設退所児童の平均入所日数と児童および家庭状況の関連について―児童相談所における家族再統合へ向けた支援上の課題についての一考察―　子どもの虐待とネグレクト，*8*, 51-59.

岩田 充宏（2007）．家族再統合のアセスメント尺度の開発に関する探索的研究（2）―一時保護所入所児童の家庭環境、親、子どもの要因の傾向と家庭復帰維持率の関連について―　子どもの虐待とネグレクト，*9*, 37-45.

開原 久代（2007）．虐待を受けた子どもの処遇　小児科臨床，*60*, 745-750.

亀井 聡（2008）．児童養護施設における入所児童と退所理由の関係について―某児童養護施設の調査より―　新島学園短期大学紀要，*28*, 71-90.

金子 龍太郎（2004）．傷ついた生命を育む―虐待の連鎖を防ぐ新たな社会的養護―　誠信書房

菅野 恵（2006）．愛情に飢えている子どもへのアプローチ　菅野 純（編）　教師のための学校カウンセリング学・小学校編（pp.62-67）　至文堂

菅野 恵・元永 拓郎（2006a）．児童養護施設入所児童における家庭復帰の可能性と外泊の関連―外泊影響チェックリストの開発とその有効性の検討―　日本心理臨床学会第25回大会発表論文集，274.

菅野 恵・元永 拓郎（2006b）．児童養護施設入所児童における年齢層と問題行動との関連についての研究―複数事例の検討も含めて―　学校メンタルヘルス，*9*, 23-32.

菅野 恵・遠藤 啓子・島田 正亮・原 郁子・春日 明子・大内 康秀・石井 義久・元永 拓郎（2007）．児童養護施設における「一時帰宅」および「宿泊交流」に関する調査報告　平成18年度植山つる児童福祉研究奨励基金助成研究

菅野 恵・安達 祐美・渡部 暁恵・阿部 恭子・香月 未宇・手塚 奈緒美・林 香織・松ヶ迫 美枝・元永 拓郎（2008）．児童養護施設における児童と家族の関係調整に関する質的研究―施設職員の役割に着目して―　帝京大学心理学紀要，*12*, 91-105.

菅野 恵・元永 拓郎（2008）．児童養護施設における入所児童の「一時帰宅」および「宿泊交流」に関する研究―施設内で観察される「問題行動」との関連の検討も含めて―　こころの健康，*23*, 33-46.

菅野 恵・渡部 暁恵・安達 祐美・柴谷 麻希・谷口 桃子・大橋 すみれ・島田 正亮・遠藤 啓子・原 郁子・春日 明子・石井 義久・大内 康秀・元永拓郎（2008）．児童養護

文　献

　　施設における家族再統合プロセスに関する質的研究―退所児童の検討も含めて―
　　平成 19 年度植山つる児童福祉研究奨励基金助成研究

菅野　恵・元永　拓郎・春日　喬 (2009). 児童虐待と児童養護施設における家族再統合の
　　諸問題　帝京大学心理学紀要, 13, 57-72.

柏木　惠子 (1988). 幼児期における「自己」の発達―行動の自己制御機能を中心に―
　　東京大学出版会

春日　喬 (1987a). 社会・情動的発達　藤永　保・斎賀　久敬・春日　喬・内田　伸子 (編) 人
　　間発達と初期環境 (pp.190-237) 有斐閣

春日　喬 (1987b). 精神病理と情報処理モデルによる対人知覚―対人刺激仮説―　お茶の
　　水女子大学人文科学紀要, 40, 105-151.

春日　喬 (2000). 刺激の質と生体反応　ブレーン出版

加藤　純 (2004). 職員間のコミュニケーションを向上させるために　世界の児童と母性,
　　56, 30-33.

加藤　哲文・大石　幸二 (2004). 特別支援教育を支える行動コンサルテーション―連携と
　　協働を実現するためのシステムと技法―　学苑社

加藤　曜子 (2004). 児童養護施設における虐待再発予防のための安全な帰宅について―
　　外出と引き取り事例からみる家庭支援の課題―　流通科学大学論集人間・社会・自
　　然編, 16, 133-145.

加藤　芳明・福間　徹 (2005). 親子再統合に向けた援助　児童相談所における家族支援プ
　　ログラム　母子保健情報, 50, 151-154.

河井　直樹・野口　啓示 (2007). ペアレント・トレーニングを用いた家族再統合への援助
　　―効果測定の試み―　子どもの虐待とネグレクト, 9, 373-383.

警察庁 (2016). 児童虐待及び福祉犯の検挙状況 (平成 27 年 1～12 月)　Retrieved from
　　https://www.npa.go.jp/safetylife/syonen/jidougyakutai_fukushihan_kenkyoH27.
　　pdf (2016 年 9 月 30 日)

木部　則雄 (2006). こどもの精神分析―クライン派・対象関係論からのアプローチ―
　　岩崎学術出版社

菊池　緑 (2004). 英国およびフランスの家族再統合の現状―児童福祉制度との関係から
　　―　世界の児童と母性, 57, 58-61.

木村　秀 (2008). 被虐待児への児童養護施設における環境療法―セカンドステップ・プ
　　ログラムによる事例研究―　淑徳大学大学院総合福祉研究科研究紀要, 15, 81-98.

木下　揚里子 (1999). 思春期の子どもの反抗・親離れに伴う母親の心理的変化―尺度作
　　成に関する研究―　お茶の水女子大学人文科学紀要, 52, 339-355.

国分　美希 (2005). 施設養護における子どもの行動化への対応―児童養護施設の場合―
　　世界の児童と母性, 58, 30-33.

厚生労働省 (2002). 児童養護施設入所児童等調査 (平成 14 年度)

厚生労働省 (2004). 児童虐待による死亡事例の検証結果等について　「児童虐待等要保
　　護事例の検証に関する専門委員会」第 1 次報告

211

厚生労働省（2005）．要保護児童対策地域協議会設置運営指針について

厚生労働省（2011）．平成 21 年度全国家庭児童調査結果の概要　Retrieved from http://www.mhlw.go.jp/stf/houdou/2r9852000001yivt.html（2016 年 9 月 30 日）

厚生労働省（2015a）．平成 27 年度福祉行政報告例　Retrieved from http://www.e-stat.go.jp/SG1/estat/List.do%3Flid=000001141903

厚生労働省（2015b）．児童養護施設入所児童等調査結果（平成 25 年 2 月 1 日現在）　Retrieved from http://www.mhlw.go.jp/stf/houdou/0000071187.html（2016 年 9 月 30 日）

厚生労働省（2016a）．平成 27 年（2015）人口動態統計の年間推計　Retrieved from www.mhlw.go.jp/toukei/saikin/hw/jinkou/suikei15/dl/2015suikei.pdf（2016 年 9 月 30 日）

厚生労働省（2016b）．平成 27 年度児童相談所での児童虐待相談対応件数（速報値）　Retrieved from http://www.mhlw.go.jp/stf/houdou/0000132381.html（2016 年 9 月 30 日）

Landy, S., & Munro, S. (1998). Shared parenting: assessing the success of a foster parent program aimed at family reunification. *Child abuse & neglect, 22*, 305-318.

Lau, A. S., Litrownik, A. J., Newton, R. R., & Landsverk, J. (2003). Going home: the complex effects of reunification on internalizing problems among children in foster care. *Journal of abnormal child psychology, 31*, 345-358.

Maluccio, A. N. (1999). Foster Care and Family Reunification. In Curtis, P.A., Dale, G., & Kendall, J. C. (Eds.), *The Foster Care Crisis: Translating Research into Policy and Practice* (pp.211-224). The University of Nebraska Press.

松林 由恵（2005）．カテゴリーの関係をとらえる　戈木 クレイグヒル 滋子（編）質的研究方法ゼミナール―グラウンデッドセオリーアプローチを学ぶ―（pp.143-157）医学書院

松岡 是伸・小山 菜生子（2008）．ソーシャルワークの機能と役割に関する一考察―児童養護施設の実践事例をもとにして―　名寄市立大学紀要, 2, 29-39.

三輪田 明美・手塚 一朗（1998）．行動チェックリストによる被虐待児の評価―診療所保育室利用児に実施した 2 つの評価尺度の結果から―　齋藤 学（編）児童虐待臨床編（pp.126-140）　金剛出版

Moes, D. R. (1998). Integrating choice-making opportunities within teacher-assigned academic tasks to facilitate the performance of children with autism. *Journal of The Association for Persons with Severe Handicaps, 23*, 319-328.

森田 喜治（1989）．養護施設に於ける遊戯治療　大阪教育大学障害児教育研究紀要, 12, 101-112.

Morrison, K., & Rosales-Ruiz, J. (1997). The effect of object preferences on task performance and stereotypy in a child with autism. *Research in Developmental Disabilities, 18*, 127-137.

文献

村井 美紀（2007）.児童養護施設における家族支援とソーシャルワーク　ソーシャルワーク研究, *32*, 272-277.

村中 智彦・藤原 義博・小林 貞子（2001）.一自閉症児における課題の選択が課題従事行動に与える効果　教育実践学論集（兵庫教育大学大学院連合学校教育学研究科論文集）, *2*, 1-10.

村瀬 嘉代子（2001）.児童虐待への臨床心理学的援助　臨床心理学, *1*, 711-717.

永井 亮（2006）.児童養護施設における被虐待児への支援―児童ソーシャルワーカーによる専門的支援の技法―　ルーテル学院研究紀要, *39*, 89-101.

内閣府（2015）.平成27年版子ども・若者白書（全体版）　Retrieved from http://www8.cao.go.jp/youth/whitepaper/h27honpen/index.html（2016年9月30日）

中村 真樹・小澤 永治・飛永 佳代・遠矢 浩一・針塚 進（2007）.多動性・衝動性の高い児童の対人関係の発達を促す臨床心理学的援助に関する研究―対人関係発達を促すプログラム及び対象児間の意識の変化に関する検討―　発達研究, *21*, 137-144

西澤 哲（1997）.子どものトラウマ　講談社

野口 啓示（2006）.児童虐待の家族再統合のための親教育支援プログラムの開発的研究―M-D&D研究におけるイテレーションから導かれたKaizenの方向性―　子ども家庭福祉学, *6*, 1-12.

野口 啓示・直島 克樹（2007）.児童虐待の家族再統合のための親教育支援プログラムの開発とその普及に関する研究―M-D&D研究の第4フェーズ（普及と誂え）の実証的研究―　子ども家庭福祉学, *7*, 37-49.

OECD（2015）.図表でみる教育2015年版　Retrieved from https://www.oecd.org/japan/Education-at-a-glance-2015-Japan-in-Japanese.pdf（2016年9月30日）

岡本 眞幸（1999）.大舎制の児童養護施設の現行体制により生じる問題行動の一事例―就寝時間になされていたいじめの行為をめぐって―　横浜女子短期大学紀要, *14*, 99-109.

奥山 眞紀子（1999）.被虐待児の行動の特徴と臨床的意味　世界の児童と母性, *47*, 6-9.

奥山 眞紀子（2005）.親子再統合の意味とその支援　母子保健情報, *50*, 147-150.

奥山 眞紀子（2006）.虐待が子どもにもたらす影響　児童心理（臨時増刊）, *837*, 35-41.

大阪市児童福祉施設連盟養護部会処遇指標研究会（2003）.関わりの困難な子どもの心理・行動特性に関する調査研究―児童養護施設・情緒障害児短期治療施設・児童自立支援施設―　平成13年度植山つる児童福祉研究奨励基金助成研究

大迫 秀樹（2008）.虐待を受けた小学生女児に対する児童福祉施設での心理的ケア　心理臨床学研究, *26*, 580-591.

大内 雅子（2008）.児童養護施設で心理職はどんな役割を果たせるのか　そだちと臨床, *4*, 6-9.

Price, J. M., Chamberlain, P., Landsverk, J., Reid, J. B., Leve, L. D., & Laurent, H. (2008). Effects of a foster parent training intervention on placement changes of children in foster care. *Child Maltreatment, 13*, 65-75.

Realon, R. E., Favell, J. E., & Lowerre, A. (1990). The effects of making choices on engagement levels with persons who are profoundly multiply handicapped. *Education & Training in Mental Retardation, 25*, 299-305.

才村 純 (2005). 児童相談所における家族再統合援助実施体制のあり方に関する研究 日本子ども家庭総合研究所紀要, *42*, 147-175.

才村 純 (2006). 児童相談所における家族再統合援助実施体制のあり方に関する研究―虐待者の属性と効果的な助言に資する要因との相関関係等に関する実証研究― 日本子ども家庭総合研究所紀要, *43*, 181-202.

榊原 洋一 (2002). 小児科学の立場から こころの科学, *103*, 29-35.

坂本 真紀・武藤 崇・望月 昭 (2003). 養護学校教師における自己決定支援パッケージの効果に関する検討 行動分析学研究, *18*, 25-37.

佐藤 千穂子 (2002). 虐待事例からみえるもの こころの科学, *103*, 72-77.

佐藤 秀紀・鈴木 幸雄 (2002a). 児童養護施設児童の入園時と退園時での問題行動上の変容 厚生の指標, *49* (5), 6-15.

佐藤 秀紀・鈴木 幸雄 (2002b). 児童養護施設入所児童およびその保護者の問題の経時的変容状況と相互関連性 社会福祉学, *42* (2), 91-105.

佐藤 方哉 (1987). 行動分析―徹底的行動分析主義とオペラント条件づけ― 財団法人安田生命社会事業団 (編) 臨床心理学の基礎知識 (pp.147-192) 安田生命社会事業団

澁谷 昌史・奥田 かおり (2004). 家族保全の研究 (2) ―家族保全サーヴィスの現状と課題― 日本子ども家庭総合研究所紀要, *40*, 209-216.

霜田 浩信 (2003). 発達障害児における要求言語形成手続きの検討―基準変更デザインによる要求行動から要求言語への移行― 文教大学教育学部紀要, *37*, 61-71.

倭文 真智子 (2004). 臨床心理士と子育て支援 臨床心理学, *4*, 623-627.

庄司 順一 (2001). 子ども虐待の理解と対応―子どもを虐待から守るために― フレーベル館

庄司 順一 (2003). フォスターケア―里親制度と里親養育― 明石書店

庄司 順一 (2004). 虐待を受けた子どもの里親教育 そだちの科学, *2*, 89-94.

総務省 (2016). 平成27年国勢調査抽出速報集計結果 結果の概要 Retrieved from http://www.stat.go.jp/data/kokusei/2015/kekka/pdf/gaiyou1.pdf (2016年9月30日)

Strauss, A., & Corbin, J. (1990). *Basics of Qualitative Research: Techniques and Procedures for Developing Grounded Theory*, 2nd ed. California: Sage Publications, Inc. (操 華子・森岡 崇 (訳) (1999). 質的研究の基礎 グラウンデッド・セオリー開発の技法と手順 第2版 医学書院)

杉浦 準一 (2003). 「近未来像Ⅱ」と子育て支援システムの再構築 児童養護, *34*, 21-24.

鈴木 幸雄・佐藤 秀紀・秋元 洋志・金 潔・木下 茂幸 (2002). 児童養護施設における児童の問題行動と保護者の抱える問題に関する実証的研究 北海道医療大学看護福祉

学部紀要, *9*, 59-76.

鈴木 祐子 (2001). 子育てを支援する　臨床心理学, *6*, 783-786.

高田 治 (2002). 児童養護施設における心理的支援―福祉領域の一例として―　岡村達也 (編) 臨床心理の問題群 (pp.129-140)　批評社

高橋 重宏・山本 真実・才村 純・福島 一雄・庄司 順一・谷口 和加子・中谷 茂一・平本 譲・横堀 晶子・鈴木 力 (1998). 児童養護施設入所児童の強制引き取りに関する研究 (その1) ―強制引き取りされた子ども68ケースの分析を中心に―　日本子ども家庭総合研究所紀要, *35*, 7-23.

田村 健二 (1985). 養護施設における不適応行動児童の処遇に関する研究　東洋大学社会学部紀要, *23*, 79-146.

Terling, T. (1999). The efficacy of family reunification practices: reentry rates and correlates of reentry for abused and neglected children reunited with their families. *Child abuse & neglect, 23*, 1359-1370.

トムソン　スティーブン (Thompson, S.) (2006). 児童養護施設における家族再統合の実践：ケースの検討　横浜女子短期大学研究紀要, *21*, 35-46.

徳永 雅子 (2003). 虐待問題と子育て不安　世界の児童と母性, *55*, 6-9.

東京都社会福祉協議会児童部会 (2003). 紀要―平成15年度版―

坪井 裕子 (2005). Child Behavior Checklist/4-1 (CBCL) による被虐待児の行動と情緒の特徴―児童養護施設における調査の検討―　教育心理学研究, *53*, 110-121.

坪井 裕子 (2008). 児童養護施設における臨床心理士の役割と課題　こころとことば (人間環境大学人間環境学部紀要), *7*, 47-59.

Warsh, R., Maluccio, A. N., & Pine, B. A. (1994). *Teaching Family Reunification: A Source Book*. Child Welfare League of America, Washington, D.C.

Wulczyn, F. (2004). Family reunification. *Future Child, 14*, 94-113.

山崎 知克・帆足 英一 (2002). 乳幼児虐待事例における再統合の現状と課題　小児の精神と神経, *42*, 321-331.

安田 勉 (2001). 児童養護施設におけるセラピストの活動について　青森県立保健大学紀要, *3*, 89-95.

あとがき

　大学を卒業してまもない社会人の頃、友人からの誘いを受け、仕事終わりにスーツ姿のまま児童養護施設に出向き、子どもたちに勉強を教えるボランティアをしたのが児童養護施設の子どもたちとの出会いであった。週末に施設へ訪問することが多かったため、一時帰宅のために親が施設へ迎えにくる場面によく出くわしていたのだが、他児が一時帰宅に行ってしまった後の子どもたちの反応がさまざまであることに強い関心を抱いたのである。

　その後、大学院に進学し、ボランティア先の児童養護施設で心理療法を担当する嘱託職員になった私は、一時帰宅の予定が急に取りやめになる、母親と連絡が途絶えてしまう、母親が突然子どもに会いに来るなどの不安定な親子の交流が、子どもの行動や心理に大きな影響をもたらすことを実感したのであった。

　修士論文で一時帰宅のテーマに取り組もうと決意したものの、ベテラン職員から「子どもを数字で評価することはできない」と質問紙を突き返されたこともあった。その職員が納得できるような説明はおそらくできなかったであろうが、一時帰宅のことを調べたいという熱意だけは伝わったのか、今では多くの職員の方が私の取り組む研究を応援してくれるようになった。

　本書は帝京大学大学院に提出し学位論文として受理された博士論文を一部修正してまとめたものである。施設児の研究に携わっていた春日喬先生から指導を受けられたのは幸運であった。私が修士課程の頃から指導していただき研究者としての道へ導いてくださった元永拓郎先生、主査を担っていただいた池田政俊先生、多くの先生方からご指導いただく機会を経て2009年に博士論文がようやく完成した。

　2014年に実施された日本学校メンタルヘルス学会の大会事務局長を担った際、書籍ブースに出店していただいた明石書店の営業担当者に博士

論文の出版化を相談したことがきっかけで、2016年に入ってようやく出版の計画が具体的に進み、和光大学学術図書刊行助成を得て出版化されることとなった。和光大学学術図書刊行助成金審査委員会からは、大変丁寧な審査コメントを頂戴したことを感謝したい。福祉政策の問題に踏み込んだ言及が不十分な点や質的検討の充実化などいくつかの貴重な指摘をいただいた。本書は改善する余地が多分にあることを痛感しどこまで修正を行うかで葛藤を抱えたが、今後の課題としてさらに研究を深化させていく所存である。

　最後に、明石書店の深澤孝之氏からの長期的なご尽力がなければ出版は実現しなかったであろう。また岡留洋文氏からは、細やかな校閲、レイアウトを通してぎりぎりまで修正提案をいただいたことで質が高まった。おふたりのお力添えにあらためて深謝したい。

　　2017年7月　　　　　　　　　　　　　　　　　　菅野　　恵

子ども虐待　家族再統合に向けた心理的支援
児童相談所の現場実践からのモデル構築
千賀則史著　◎3700円

子どものための里親委託・養子縁組の支援
宮島清、林浩康、米沢普子編著　◎2400円

社会的養護の子どもと措置変更
養育の質とパーマネンシー保障から考える
伊藤嘉余子編著　◎2600円

性的虐待を受けた子どもの施設ケア
児童福祉施設における生活・心理・医療支援
八木修司、岡本正子編著　◎2600円

精神障がいのある親に育てられた子どもの語り
困難の理解とリカバリーへの支援
横山恵子、蔭山正子編著　◎2500円

児童相談所改革と協働の道のり
子どもの権利を中心とした福岡市モデル
藤林武史編著　◎2400円

子ども虐待対応におけるサインズ・オブ・セーフティ・アプローチ実践ガイド
子どもの安全〔セーフティ〕を家族とつくる道すじ
菱川愛、渡邊直、鈴木浩之編著　◎2800円

『三つの家』を活用した子ども虐待のアセスメントとプランニング
ニキ・ウェルド、ソニア・パーカー、井上直美編著　◎2800円

子ども・家族支援に役立つ面接の技とコツ
〈仕掛ける・さぐる・引き出す・支える・紡ぐ〉児童福祉臨床
宮井研治編　◎2200円

子ども・家族支援に役立つアセスメントの技とコツ
よりよい臨床のための4つの視点、8つの流儀
川畑隆編著　◎2200円

発達相談と新版K式発達検査
子ども・家族支援に役立つ知恵と工夫
大島剛、川畑隆、伏見真里子、笹川宏樹、梁川惠、衣斐哲臣、菅野道英、宮井研治、大谷多加志、井口絹世、長嶋宏美著　◎2400円

心理臨床を見直す“介在”療法
対人援助の新しい視点
衣斐哲臣編　◎2800円

里親家庭・ステップファミリー・施設で暮らす子どもの回復・自立へのアプローチ
中途養育の支援の基本と子どもの理解
津崎哲郎編著　◎2000円

外国人の子ども白書
権利・貧困・教育・文化・国籍と共生の視点から
荒牧重人、榎井縁、江原裕美、小島祥美、志水宏吉、南野奈津子、宮島喬、山野良一編　◎2500円

子どもの貧困白書
子どもの貧困白書編集委員会編　◎2800円

子どもの貧困対策と教育支援
より良い政策・連携・協働のために
末冨芳編著　◎2600円

〈価格は本体価格です〉

〈著者略歴〉

菅野 恵（かんの・けい）

1976 年、東京都八王子市生まれ。和光大学現代人間学部心理教育学科准教授。
立教大学兼任講師。児童養護施設心理療法担当職員（嘱託）。博士（心理学）。
臨床心理士。
帝京大学文学部心理学科卒業。帝京大学大学院文学研究科臨床心理学専攻修士
課程修了。同大学院文学研究科心理学専攻博士課程単位取得満期退学。
職歴として、相模原市立青少年相談センター相談員、東京都公立学校スクール
カウンセラー、帝京大学、明星大学、東京女子大学非常勤講師などを経て、現
職。
日本学校メンタルヘルス学会理事、評議員、編集委員長。日本精神衛生学会理
事。専門は児童心理学、臨床心理学。

〈主な著書（すべて分担執筆）〉

『学校・地域で役立つ子どものこころの支援　連携・協働ワークブック』（金子
書房）、『いじめ　予防と対応 Q&A73』（明治図書出版）、『発達科学ハンドブッ
ク第 7 巻　災害・危機と人間』（新曜社）、『はじめて学ぶ心理学―心の形成・
心の理解―』（大学図書出版）、『心の専門家が出会う法律【新版】　臨床家のた
めに』（誠信書房）など。

児童養護施設の子どもたちの家族再統合プロセス
──子どもの行動の理解と心理的支援

2017 年 11 月 15 日　初版第 1 刷発行

著　者	菅　野　　　恵
発行者	石　井　昭　男
発行所	株式会社明石書店

〒 101-0021 東京都千代田区外神田 6-9-5
電　話　03 (5818) 1171
ＦＡＸ　03 (5818) 1174
振　替　00100-7-24505
http://www.akashi.co.jp

装丁　　　明石書店デザイン室
印刷 / 製本　モリモト印刷株式会社

ISBN978-4-7503-4589-5

Printed in Japan

（定価はカバーに表示してあります）

JCOPY　〈(社) 出版者著作権管理機構　委託出版物〉
本書の無断複写は著作権法上での例外を除き禁じられています。複写される場合は、その
つど事前に、(社) 出版者著作権管理機構（電話 03-3513-6969、FAX　03-3513-6979、
e-mail: info@jcopy.or.jp）の許諾を得てください。

児童相談所一時保護所の子どもと支援
子どもへのケアから行政評価まで
和田一郎編著
◎2800円

ネグレクトされた子どもへの支援
理解と対応のハンドブック
安部計彦・加藤曜子・三上邦彦編著
◎2600円

周産期からの子ども虐待予防・ケア
保健・医療・福祉の連携と支援体制
中板育美著
◎2200円

子ども虐待の画像診断
エビデンスに基づく医学診断と調査・捜査のために
ポール・K・クラインマン編
小熊栄二監修　溝口史剛監訳
◎30000円

ライフストーリーワーク入門
社会的養護への導入・展開がわかる実践ガイド
山本智佳央、楢原真也、徳永祥子、平田修三編著
◎2200円

性の問題行動をもつ子どものためのワークブック
発達障害・知的障害のある児童・青年の理解と支援
宮口幸治・川上ちひろ著
◎2000円

性問題行動のある知的・発達障害児者の支援ガイド
性暴力被害とわたしの被害者を理解するワークブック
本多隆司、伊庭千惠著
◎2200円

日本の児童虐待防止・法的対応資料集成
児童虐待に関する法令・判例・法学研究の動向
吉田恒雄編著
◎20000円

子ども虐待在宅ケースの家族支援
「家族維持」を目的とした援助の実態分析
畠山由佳子著
◎4600円

虐待する親への支援と家族再統合
親と子の成長発達を促す「CRC親子プログラムふぁり」の実践
宮口智恵、河合克子著
◎2000円

児童相談所70年の歴史と児童相談
“歴史の希望としての児童”の支援の探究
加藤俊二著
◎2800円

キャロル活動報告書と児童相談所改革
児童福祉司はなぜソーシャルワークから取り残されたか
藤井常文著　倉重裕子訳
◎3300円

GHQ「児童福祉総合政策構想」と児童福祉法
児童福祉政策における行政間連携の歴史的課題
駒崎道著
◎5500円

子どもと福祉
児童福祉、児童養護、児童相談の専門誌
『子どもと福祉』編集委員会編集
【年1回刊】
◎1700円

そだちと臨床
児童福祉の現場で役立つ実践的専門誌
『そだちと臨床』編集委員会編集
◎1600円

里親と子ども
「里親制度・里親養育とその関連領域」に関する専門誌
『里親と子ども』編集委員会編集
◎1500円

〈価格は本体価格です〉

心の発達支援シリーズ
【全6巻】

[シリーズ監修]
松本真理子、永田雅子、野邑健二

◎A5判／並製／◎各巻2,000円

「発達が気になる」子どもを生涯発達の視点からとらえなおし、保護者や学校の先生に役立つ具体的な支援の道筋を提示する。乳幼児から大学生まで、発達段階に応じて活用できる使いやすいシリーズ。

乳幼児
第1巻 **育ちが気になる子どもを支える**
永田雅子【著】

幼稚園・保育園児
第2巻 **集団生活で気になる子どもを支える**
野邑健二【編著】

小学生
第3巻 **学習が気になる子どもを支える**
福元理英【編著】

小学生・中学生
第4巻 **情緒と自己理解の育ちを支える**
松本真理子、永田雅子【編著】

中学生・高校生
第5巻 **学習・行動が気になる生徒を支える**
酒井貴庸【編著】

大学生
第6巻 **大学生活の適応が気になる学生を支える**
安田道子、鈴木健一【編著】

《価格は本体価格です》

実践に活かせる専門性が身につく!

やさしくわかる【全7巻】社会的養護シリーズ

編集代表 **相澤 仁**（大分大学）

A5判／並製／各巻2400円

- 社会的養護全般について学べる総括的な養成・研修テキスト。
- 「里親等養育指針・施設運営指針」「社会的養護関係施設第三者評価基準」（平成24年3月）、「社会的養護の課題と将来像」（平成23年7月）の内容に準拠。
- 現場で役立つ臨床的視点を取り入れた具体的な実践論を中心に解説。
- 執筆陣は、わが国の児童福祉研究者の総力をあげるとともに、第一線で活躍する現場職員が多数参加。

1 子どもの養育・支援の原理——社会的養護総論
柏女霊峰（淑徳大学）・澁谷昌史（関東学院大学）編

2 子どもの権利擁護と里親家庭・施設づくり
松原康雄（明治学院大学）編

3 子どもの発達・アセスメントと養育・支援プラン
犬塚峰子（大正大学）編

4 生活の中の養育・支援の実際
奥山眞紀子（国立成育医療研究センター）編

5 家族支援と子育て支援——ファミリーソーシャルワークの方法と実践
宮島 清（日本社会事業大学専門職大学院）編

6 児童相談所・関係機関や地域との連携・協働
川﨑二三彦（子どもの虹情報研修センター）編

7 施設における子どもの非行臨床——児童自立支援事業概論
野田正人（立命館大学）編

〈価格は本体価格です〉

子どもの権利
ガイドブック【第2版】

日本弁護士連合会子どもの権利委員会　編著

■A5判／並製／576頁／◎3600円

子どもの権利について網羅した唯一のガイドブック。教育基本法、少年法、児童福祉法、児童虐待防止法等の法改正、さらに、新しく制定されたいじめ防止対策推進法にも対応した待望の第2版。専門家、支援者だけでなく、子どもに関わるすべての人のために──。

子どもの権利に関する基本的な考え方

各論
1 いじめ／2 不登校／3 学校における懲戒処分／4 体罰・暴力／5 学校災害（学校事故・スポーツ災害）／6 教育情報の公開・開示／7 障害のある子どもの権利──学校生活をめぐって／8 児童虐待／9 少年事件（捜査・審判・公判）／10 犯罪被害を受けた子ども／11 社会的養護と子どもの権利／12 少年院・少年刑務所と子どもの権利／13 外国人の子どもの権利／14 子どもの貧困

内容構成

資料

子どもの虐待防止・
法的実務マニュアル
【第6版】

日本弁護士連合会子どもの権利委員会　編

■B5判／並製／368頁／◎3000円

2016年に大幅に改正された児童福祉法と2017年のいわゆる28条審判における家庭裁判所の関与拡大に対応した待望の第6版。法律家だけでなく、児童相談所や市町村児童家庭相談窓口、NPO関係者等、子どもの虐待防止に取り組むすべての専門家の必携書。

はじめに～第6版刊行にあたって～
（日本弁護士連合会子どもの権利委員会委員長：須網隆夫）

内容構成

第1章　児童虐待アウトライン
第2章　虐待防止と民事上の対応
第3章　児童福祉行政機関による法的手続
第4章　ケースから学ぶ法的対応
第5章　児童虐待と機関連携
第6章　児童虐待と刑事事件
第7章　その他の諸問題
書式集

〈価格は本体価格です〉